T0274588

EL MENSAJE DE LAS LÁGRIMAS

ALBA PAYÀS PUIGARNAU

EL MENSAJE DE LAS LÁGRIMAS

Cómo vivir la pérdida de un ser querido

PAIDÓS Divulgación

Obra editada en colaboración con Editorial Planeta - España

Título original: *El missatge de les llàgrimes*, de Alba Payàs Puigarnau

© Alba Payàs Puigarnau, 2014, 2023
© de la traducción, Remedios Diéguez Diéguez, 2014
© del prólogo, Ramon Bayés Sopena, 2014
© de todas las ediciones en castellano
Fotocomposición: Realización Planeta

© 2023, Editorial Planeta, S. A. – Barcelona, España

Derechos reservados

© 2024, Ediciones Culturales Paidós, S.A. de C.V.
Bajo el sello editorial PAIDÓS M.R.
Avenida Presidente Masarik núm. 111,
Piso 2, Polanco V Sección, Miguel Hidalgo
C.P. 11560, Ciudad de México
www.planetadelibros.com.mx
www.paidos.com.mx

Primera edición impresa en España: noviembre de 2023
ISBN: 978-84-493-4157-1

Primera edición impresa en México: febrero de 2024
ISBN: 978-607-569-600-3

Impreso en los talleres de Litográfica Ingramex, S.A. de C.V.
Centeno núm. 162-1, colonia Granjas Esmeralda, Ciudad de México
Impreso en México – *Printed in Mexico*

A las personas en duelo que acompaño
en sus esfuerzos por transformar su dolor en amor,
y a mis alumnos y compañeros
que se forman para facilitar este cambio.
Todos ellos han sido la fuente de inspiración de este libro.

Si siguieras mi consejo, Fiódor Mijáilovich, cede a tu pena, no la resistas, llora como una mujer. Ese es el gran secreto de las mujeres, eso es lo que les da ventaja sobre los hombres como nosotros. Saben cuándo ceder, cuándo echarse a llorar. Nosotros, tú y yo, no lo sabemos. Aguantamos, embotellamos la pena dentro de nosotros, la encerramos a cal y canto, hasta que se convierte en el mismísimo demonio. Y entonces nos da por cometer alguna estupidez, solo con tal de librarnos de la pena, aunque no sea más que un par de horas. Sí, cometemos alguna estupidez que luego habremos de lamentar durante toda la vida. Las mujeres no son así, porque conocen el secreto de las lágrimas. Tenemos que aprender del sexo débil, Fiódor Mijáilovich; tenemos que aprender a llorar.

J. M. COETZEE, *El maestro de Petersburgo*

SUMARIO

PRÓLOGO

Con este libro el lector potencial se lleva a casa una parte importante de la valiosa experiencia de una gran profesional.

Conozco a la autora desde hace muchos años. Me consta que, a lo largo de su vida, Alba ha trabajado, investigado, escrito y formado a numerosas generaciones de terapeutas en el ámbito del duelo, incorporando a sus conocimientos como ser humano también la vivencia de sus propias pérdidas.

De su extensa biografía recuerdo, como simple pincelada, que, en 2004, la Sociedad Española de Cuidados Paliativos (SECPAL), al promover la creación de un grupo de trabajo interdisciplinar que debía abordar de forma pionera el estudio de la dimensión espiritual al final de la vida, encargó a Alba su coordinación, debido a su amplia experiencia clínica. Durante varios años trabajó con dedicación y entusiasmo, siendo el germen fecundo del posterior interés que muchos sanitarios, miembros de la SECPAL, han mostrado por la atención a los aspectos espirituales en la cercanía de la muerte.

Como señala claramente la autora desde el principio del libro, aunque tenemos la certeza de que la enfermedad, los accidentes, la vejez, y, sin duda alguna, la muerte nos alcanzarán en algún momento de la existencia y pueden golpear con dureza nuestro entorno afectivo, cuando ocurren nunca nos sentimos lo suficientemente preparados para estos encuentros. Las páginas que siguen constituyen, en mi opinión, una excelente oportunidad para que el lector o lectora se inicien o continúen, de la mano de una persona experta en el difícil camino del afrontamiento de las pérdidas que jalonarán su vida. Aun cuando no sabemos cuándo, ni cómo, ni dónde, ni a quién, los sobresaltos inesperados nos esperan a la vuelta de cada esquina.

No deberíamos temerlos. Dos de las personas posiblemente más sabias en la historia de la humanidad —el filósofo y orador romano Séneca y el ensayista del Renacimiento francés Montaigne— coinciden en subrayar que la meditación sobre la muerte es meditación sobre la libertad, ya que quien ha aprendido a morir ha desaprendido a servir. La muerte, el sufrimiento y el duelo son fenómenos naturales con los que vamos a tener que convivir, con independencia de las pautas que, en nuestra adolescente ingenuidad, consideremos lógicas y naturales: fallecen los recién nacidos, desaparecen los hijos antes que los padres e incluso que los abuelos, surgen enfermedades raras o malformaciones y deficiencias desconocidas, llega el suicidio de un adolescente querido o la demencia de la pareja, llama a nuestra puerta el ladrón, el conductor ebrio, un cáncer o el asesino.

En estos casos, ante los sucesos traumáticos imprevistos, los conocimientos científicos disponibles, conseguidos a través de décadas de investigación, modelización y simplificación, nos son de poca ayuda. Debemos aceptar los hechos, afrontarlos de golpe, en toda su complejidad y trascendencia, tal como se presentan; tenemos que insertarlos, aunque sea dolorosamente, en una vida que debemos proseguir en consonancia con las palabras de Martin Luther King: «Aunque supiera que mañana el mundo tiene que desaparecer yo seguiría plantando mi manzano». A pesar de que cada muerte es diferente, Alba nos instruye, a través de ejemplos cuidadosamente seleccionados, en lo más difícil, en cómo integrar la pérdida, única e insustituible, de un ser querido en nuestro futuro, en cómo proseguir nuestra vida a pesar de ello y en cómo tratar de conseguir que esta se enriquezca y se impregne de nuevo sentido.

«La muerte forma parte de la vida; debemos vivir la muerte», nos indica, por su parte, la gran doctora clínica británica Iona Heath. No debemos soslayar la proximidad creciente del final de nuestra existencia, el envejecimiento o la inesperada partida de aquellos a quienes queremos más que a nuestra propia vida. Han constituido y constituyen, junto a la siempre lejana juventud, parte esencial de nuestra biografía y deberíamos aceptar estos hechos de tal modo que su presencia se integrara naturalmente en nuestro norte hasta el final. No debemos huir ni olvidar, sino honrar y agradecer. En palabras de Alba: «No podemos proteger a nuestras personas queridas... solo podemos amarlas». Este libro, que en algunos aspectos sigue los pasos de una de sus maestras, Elisabeth Kübler-Ross, nos ayuda desde los conceptos, las reflexiones, los numerosos relatos extraídos de la misma vida y la hospitalidad fraterna de la autora, a ser más conscientes de la realidad del proceso – que puede también ser hermoso y sereno – del devenir que muchos, innumerables, seres humanos han recorrido antes, y que nosotros, nuestras parejas, hijos y nietos, estamos recorriendo ahora o tendremos que recorrer mañana.

Me gustaría terminar este breve prólogo en compañía de unos hermosos versos que mi poeta preferido, el escritor turco Nazim Hikmet, en la misma línea de Luther King, nos regala, llenos de humana vocación, vitalidad y esperanza:

Has de tomar tan en serio el vivir
que a los setenta años, por ejemplo,
si fuera necesario plantarías olivos
sin pensar que algún día serán para tus hijos;
debes hacerlo, amigo, debes hacerlo,

no porque, aunque la temas, no creas en la muerte,
sino porque vivir es tu tarea.

RAMON BAYÉS
Profesor emérito de la Universidad
Autónoma de Barcelona

Capítulo 1
EL DUELO ES COSA DE TODOS

¿Por qué me dicen que aprenderé de la muerte de mi hijo?
¡Yo no quiero aprender de eso!

La gente me dice cosas muy extrañas... Que creceré como persona, que podré ayudar a otros padres, que con el tiempo lo llevaré dentro... ¿Es eso lo que tiene que ayudarme a aceptar lo que me ha pasado? ¿Pensar que surgirán cosas positivas de algo tan negativo? ¿Que las pérdidas son lecciones? Si es así, ¡yo no quiero mejorar, no quiero crecer! No quiero ayudar a otros padres, quiero volver a tener a mi hijo conmigo, poder volver a tocarlo con mis manos. Es lo único que podrá aliviar el dolor que siento ahora. Me callo por respeto, porque supongo que me dicen todo eso con buena intención, pero en el fondo estoy muy enfadada. ¿Es eso lo que se espera al final del duelo? ¿Es este el consuelo que los padres debemos esperar?

La mayoría de los que tenéis este libro en las manos habéis sufrido alguna pérdida significativa en vuestras vidas, y si no es así, muy probablemente la sufriréis en el futuro. También es posible que estéis al lado de alguien que ha experimentado la muerte de un ser querido.

Este libro se dirige a todas las personas que se encuentran en un proceso de duelo, y también a las que desean ayudar a quienes han vivido una pérdida, ya sea un amigo o un familiar. Y es también para todos aquellos a los que, sin pertenecer a ninguno de estos dos grupos, os interesa el tema y queréis estar informados y preparados.

Solo existen dos cosas ciertas en la vida: los impuestos y la muerte.

BENJAMIN FRANKLIN

No podemos vivir al margen del sufrimiento, y a pesar de esta verdad universal, nadie nos enseña a hacerle frente. Cada año nos enfrentamos a la declaración de la renta. Le dedicamos tiempo, nos informamos e incluso pedimos ayuda a alguien que sepa más que nosotros. No nos podemos librar de esa tarea, del mismo modo que no podemos librarnos de la muerte y del duelo. ¿Y cuántas horas de nuestra vida hemos dedicado a aprender a vivir una separación afectiva o la enfermedad de un ser querido? ¿Y a prepararnos para la muerte que a todos nos llegará algún día? ¿Qué formación hemos recibido para entender qué es una emoción, qué función desempeña, cuándo es buena para nosotros y cuándo no lo es, cómo gestionarla, qué cosas nos ayudan y cuáles no cuando vivimos una pérdida, qué podemos hacer para aliviar el sufrimiento y la añoranza? Seguramente, la respuesta que daríais muchos de vosotros es: «NINGUNA».

Aunque tenemos la certeza de que en algún momento de la vida pasaremos por una experiencia de separación, enfermedad o muerte, no dedicamos tiempo a prepararnos. Y cuando lo tenemos encima, nos faltan herramientas y ánimos para gestionar el dolor y el duelo.

No tengo respuesta para la mayoría de las preguntas que me plantean las personas en proceso de duelo: «¿Por qué tiene que morir un bebé?»; «¿Por qué tengo que ver cómo sufre mi hijo?»;

«¿Por qué mi hermano, un joven lleno de energía, se ha quitado la vida?»; «¿Cómo puedo vivir la muerte de mi gran amor, la persona con la que he compartido toda mi vida?». Hace aproximadamente veinticinco años que acompaño a personas durante el final de su vida y en proceso de duelo, y sigo sin tener respuestas para muchas de estas preguntas. Por eso, si lo que buscas en este libro son respuestas explícitas al sentido del sufrimiento, tendrás una decepción. Nadie puede explicar el *porqué* y el *cómo; la muerte y el duelo te sitúan en un viaje que debe hacerse en soledad.* Lo único que te puedo decir es que irás encontrando las respuestas en el camino de tu propia experiencia. Es la diferencia entre leer un libro sobre determinado viaje y hacer ese viaje; las recomendaciones del libro nunca sustituirán a la experiencia directa, pero sí pueden servirte de guía.

El camino del duelo no tiene respuestas como destino.
Al recorrerlo y avanzar, las respuestas se van desvelando.

Este libro puede darte algunas pistas que te ayudarán a identificar el sufrimiento necesario que tendrás que aceptar incondicionalmente como parte del proceso de recuperación, y el sufrimiento innecesario, que no lleva a ninguna parte y que solo provoca más fragmentación y destrucción, que constituye un peligro que puede hacer que tu duelo se cronifique (es decir, que pasen los años y no te recuperes).

El hecho de no recuperarte de tu duelo puede tener consecuencias devastadoras para ti y para tus seres queridos.

Tampoco sabemos cómo ayudar a las personas en proceso de duelo. ¿Cuáles son las verdaderas palabras de consuelo cuando asistimos a un funeral? ¿Qué gestos son los adecuados para acoger a una madre o a un padre que acaban de perder a un hijo? ¿Cuándo es bueno acercarse y cuándo es correcto alejarse para dejar espacio y permitir que la persona afectada tenga intimidad?

Sin formación, nuestro instinto nos lleva a hacer cosas por los demás: cuidar, dar consejos, resolver problemas, animar... Pero ¿qué podemos hacer por unos padres que acaban de perder a un hijo?

¿O por una amiga cuyo hermano se ha suicidado? Cuando un ser querido se enfrenta a sus últimos momentos y ya no queda nada por hacer o decir, ¿qué podemos ofrecer? Podemos decir algunas palabras que le hagan bien, sí. Y también podemos decir, sin querer, algo que le haga daño. Por lo tanto, ¡alerta!

La buena intención con la que decimos cosas a la persona que sufre no garantiza que no le hagamos daño. Muchas palabras de consuelo mal entendidas son dardos helados que le rompen el corazón.

En el acompañamiento de personas que en su fragilidad y su vulnerabilidad piden ayuda, muchas veces vemos que quien ofrece apoyo, a pesar de sus buenas intenciones, provoca un sufrimiento añadido a la persona en proceso de duelo. ¡Qué triste! Seguramente, todos hemos experimentado la decepción de esperar que aquella persona concreta nos apoyase y recibir en su lugar un consejo innecesario, una crítica de cómo lo estamos llevando o una minimización de lo que expresamos. Este libro pretende dar claves específicas sobre la ayuda que contribuye a aliviar el dolor y distinguirla de la ayuda que hace daño. Y esto resulta útil tanto si acompañamos para dar apoyo como si la pérdida nos afecta a nosotros mismos.

Este libro está escrito desde el corazón: solo se puede hablar de duelo si se hace así, desde la emoción de la experiencia vivida, desde el hecho de haber pasado por esas dificultades, conociendo el color y el olor de las lágrimas. Intento hablar más desde la propia experiencia personal, como persona en proceso de duelo que soy, que desde la perspectiva profesional. Es preciso que la teoría sea consecuencia de la realidad y no que la realidad encaje en una teoría.

La mente crea un abismo que solo el corazón puede cruzar.

STEPHEN LEVINE

Cuando sufrimos, podemos reflexionar sobre el dolor, analizarlo, discutirlo, estudiarlo, pero nada de eso lo aliviará. Un libro de ayuda para el duelo debe afectarnos, tocarnos, transmitirnos sentimientos: las emociones nos señalan algo importante, nos señalan la profundidad de la integración de la experiencia. Cuando hablamos de nuestras pérdidas, tenemos que hacerlo desde el corazón; si no es así, solo estaremos trabajando desde la mente, y con la mente no podemos resolver las experiencias de pérdida. La mente, si no va acompañada de la emoción, nos aleja de la realidad. Solo podemos hablar del dolor en primera persona, desde la experiencia de cómo nos afecta personalmente. Todos los testimonios que aparecen en este libro son reales; son las voces de personas en proceso de duelo que nos hablan, que expresan su opinión, que rebaten o incluso contradicen la teoría. Esperemos que nos ayuden en el camino del duelo, que es el camino del corazón.

El duelo es un camino con corazón.

Te recomiendo que leas este libro siguiendo el orden de los capítulos. Te será mucho más útil que si lo lees de manera desordenada. La secuencia de los capítulos pretende ser una especie de guía temporal de lo que nos iremos encontrando a medida que avanzamos en el camino del duelo.

En el siguiente capítulo veremos que el duelo es una experiencia natural, no una enfermedad ni un trastorno. El ser humano está abocado, tanto si quiere como si no, a vivir esa experiencia. ¡Tener el corazón roto no es un diagnóstico médico ni una patología!

También veremos que este proceso parece producirse por fases: no son cajones separados que todos abrimos secuencialmente de la misma manera, sino más bien descripciones que intentan servir de guía en la parte de la experiencia que parece común y que en el tiempo se desarrolla de una manera específica para cada ser humano.

Es posible que no te identifiques con todo lo que escribo en estas páginas. Son cosas que he aprendido de todas las personas a las que he acompañado en estos años, experiencias que han compartido personalmente, observaciones acumuladas a lo largo del tiempo y recomendaciones que he comprobado que les resultaban útiles.

Sin embargo, no todo lo que he escrito en estas páginas es igual para todo el mundo. Quédate con lo que te sirva y descarta lo que veas claramente que no es para ti.

Nadie puede decirte cómo vivir esta experiencia. Tienes que dejarte guiar por lo que te dice el corazón, pero eso no implica no tener en cuenta lo que te dice la razón.

Capítulo 2

¿UNA EXPERIENCIA A VIVIR O UN PROBLEMA A RESOLVER?

Cuando estás de duelo

Sientes que no podrás recuperarte nunca.

Los demás quieren verte bien enseguida.

Te sientes vulnerable, solo e incomprendido.

Los familiares quieren ayudarte diciéndote que tienes que ser fuerte.

Te preguntas continuamente «¿por qué?».

Los amigos te dicen que te distraigas.

No controlas las lágrimas.

Algunas amistades te evitan.

Te sientes incapaz de hacer cosas que antes hacías.

El doctor quiere darte medicación.

Puedes sentirte enfadado y culpable por sentirte muy enfadado.

Te cuestionas tu fe.

Te planteas muchos «y si...».

La gente te da consejos inútiles.

Te encuentras físicamente mal.

Estás de duelo, sientes que el dolor te supera. Te preguntas si lo que te está pasando es real o todo es una pesadilla de la que despertarás para volver a estar con ese ser querido. «¿Por qué me ha pasado a mí?», te repites una vez, y otra, y otra... Pero tampoco tienes claro a quién diriges esa pregunta.

Puede que te sientas confuso, enfadado o culpable por lo ocurrido. Los «*tendría que haber...*», «*por qué no hice...*», «*y si...*» llenan tu mente, te hacen daño. O tal vez no pudiste despedirte y tu corazón se rompe por el dolor de tantas cosas que se han quedado sin decir. Te duelen el estómago y las articulaciones, los brazos y las piernas te pesan, te cuesta dormir y ese nudo en la garganta hace que comer sea muy difícil.

Si ha pasado poco tiempo desde la pérdida, seguramente te identificas con lo que acabo de describir. Si hace más tiempo, es posible que recuerdes así aquellos primeros días.

Todos estos pensamientos, sentimientos, comportamientos y síntomas físicos se denominan «*respuestas o afrontamientos de duelo*». Los expertos pensamos que son maneras naturales con las que respondemos todos los seres humanos cuando vivimos una pérdida o la separación de un ser querido.

Nadie puede escapar de la experiencia vital que se produce siempre que se rompen vínculos afectivos. Si no queremos vivir el proceso tan desagradable que supone el sufrimiento por la desaparición de personas significativas de nuestra vida, tendríamos que evitar relacionarnos. Así nos lo recuerda el psicólogo y filósofo alemán Erich Fromm:

> *Si quieres evitar el dolor del duelo, el precio que tendrás que pagar es el de estar totalmente desvinculado de los demás y, por lo tanto, excluido de toda posibilidad de experimentar la felicidad.*
>
> ERICH FROMM

Y sí, así, serenamente y desde la reflexión, nos decimos que sí, que no estamos dispuestos a pagar ese precio. Porque a pesar del dolor y de la añoranza, ha valido la pena disfrutar de la relación y, puestos a elegir, muchos de nosotros (no todos) preferimos haber vivido ese tiempo de relación con ese ser querido a no haberlo tenido.

Dicho esto, seguimos con los mismos sentimientos difíciles de añoranza, tristeza, desesperanza, culpa... Todo sigue exactamente igual. El agradecimiento que sentimos por el tiempo vivido no apacigua el sufrimiento. Podemos ponerle nombre, e incluso aceptar que es natural y humano..., pero ¿qué más?, ¿qué toca hacer ahora?

Tengo apendicitis y me lo dicen, me explican que el dolor es una señal asociada a la enfermedad, y lo entiendo, pero entenderlo no me curará ni aliviará la intensidad del dolor: o me operan, o la infección me matará. Con el duelo ocurre lo mismo: o hacemos algo, o nos morimos, y las personas en duelo tienen muchas maneras de morir en vida. La depresión, el aislamiento, la desesperanza, la ira forman parte de lo que llamamos un duelo complicado. Si no queremos acabar así, tenemos que hacer algo para aliviar el dolor emocional y físico. Pero ¿por qué duele tanto? ¿Cómo vivir esa experiencia tan dolorosa?

NOTAS DEL TERAPEUTA

La teoría de la vinculación

Todos los seres humanos necesitamos relaciones que nos vinculen con otras personas a fin de crecer y desarrollarnos plenamente. Desde el mismo momento del nacimiento buscamos el contacto con nuestros referentes adultos y creamos un vínculo que nos servirá como base de seguridad. Ese referente nos proporcionará la confianza y la autoestima necesarias para desarrollar las competencias que nos servirán para crecer.

Desde los primeros años de vida nos vemos reflejados en la mirada de nuestros padres (o de los adultos que nos cuidan), y a partir de esa imagen y de las que recibimos en las múltiples transacciones con las personas que nos rodean construimos un mundo interior de sentimientos, pensamientos, creencias y valores que conformarán nuestra personalidad. Un edificio de creencias nucleares sobre el que organizaremos el sentido de todas las experiencias de la vida y que determinará nuestras respuestas a esas experiencias en el futuro, como adultos: «soy valioso», «debo esforzarme para ser querido», «hay personas que me quieren», «el mundo es un lugar seguro», «no puedo pedir ayuda, nadie está ahí para mí».

Los expertos que investigan y escriben sobre la importancia de las primeras vinculaciones en la infancia señalan que esas relaciones resultan significativas para toda la vida. Las teorías sobre la vinculación desarrolladas en Inglaterra en los años sesenta fomentaron cambios notables en el trato hacia los niños. Como consecuencia de esos estudios, por ejemplo, se decidió abolir todas aquellas instituciones denominadas orfanatos en las que no existían los referentes adultos estables y consistentes. Además, se tomó la decisión de recomendar que los niños ingresados en hospitales estuviesen acompañados de personas adultas de su familia, ya que forman parte indispensable del proceso de recuperación de una enfermedad.

La necesidad fundamental de todo ser humano es la de amar y sentirse amado hasta el final de la vida.

La necesidad fundamental de todo ser humano, la primera, la superior, sin la cual no podríamos sobrevivir emocionalmente, es la de amar y sentirnos amados hasta el final de nuestras vidas. Nada es tan importante como las relaciones: sentirnos queridos es lo que nos sostiene ante cualquier infortunio. Sin amor ni relaciones humanas, la vida no tiene ningún sentido. Una mirada afectuosa, una mano tendida, una palabra de aliento... Ese es el terreno en el que arraiga nuestra identidad, donde se desarrolla la confianza en nosotros mismos, crece el intelecto, se construyen nuestras emociones y se configura el sentido de nuestro cuerpo. No es de extrañar, por tanto, que cuando perdemos a alguna de esas personas importantes, nuestro mundo interior se desmorone, lo que provoca mucho dolor.

¿Qué es, entonces, eso que llamamos *duelo*? Una respuesta natural a un acontecimiento natural que nos afecta a diferentes niveles: físico, emocional, intelectual, relacional, conductual y espiritual.

El duelo es una respuesta natural a un acontecimiento natural.

Todos estos síntomas, que pueden parecer abrumadores, se denominan *reacciones normales de duelo* Entre los expertos existe el consenso de que esas reacciones forman parte indisoluble de la experiencia natural de la separación y la pérdida, y que es preciso vivirlas.

RESPUESTAS FÍSICAS	RESPUESTAS EMOCIONALES
Agotamiento	Tristeza
Insomnio	Enojo, enfado y rabia
Dificultad para respirar	Desesperación
Boca seca	Miedo
Dolor en la mandíbula	Deseos de venganza
Pérdida de apetito	Culpa
Dolores abdominales	Irritabilidad
Dolor de cabeza	Desasosiego
Dolores en las articulaciones	Soledad
	Ansiedad
	Confusión y vulnerabilidad
	Añoranza

RESPUESTAS MENTALES	RESPUESTAS CONDUCTUALES
Confusión	Apatía
Descreimiento	Desgana
Incapacidad para concentrarse	Hiperactividad
Pérdida de capacidad intelectual	Trabajar mucho, mantenerse ocupado
Quedarse en blanco	Incapacidad de estar solo
Creencias sobre el sufrimiento:	Aislamiento
No puedo soltarme	Olvidarse de las cosas
Me estoy volviendo loco	Buscar a la persona
He de tirar adelante como sea	Soñar con ella/él
Pensamientos obsesivos:	Sentir su presencia
Y si...	Visitar lugares de recuerdo o evitarlos
Si hubiera...	Atesorar objetos de recuerdo
Si no hubiera...	

Aunque leamos, escuchemos e incluso entendamos todo esto, cuando nos encontramos en la vida real con una persona sumida en el duelo, que sufre y expresa esos sentimientos de malestar, acostumbramos a escucharla y a consolarla al principio, pero cuando llevamos días, semanas o meses así, desde nuestra impotencia, al no saber cómo responder al sufrimiento del otro, acabamos sugiriéndole: «¿Por qué no vas al médico? Tendrías que tomar algo, esto te está haciendo demasiado daño». En otras ocasiones, somos nosotros mismos los que, incapaces de vivir tanto dolor, pedimos ayuda farmacológica al médico de cabecera.

EL SUFRIMIENTO EN EL DUELO, ¿NECESARIO O INNECESARIO?

Por favor, doctor, quíteme la medicación, necesito sentir la muerte de mi hijo. Ahora no siento nada y voy zombi.

Una pregunta que planteo a menudo a las personas a las que acompaño es: «Si existiese una pastilla que eliminase todo tu sufrimiento, toda la sintomatología que sientes ahora mismo, que hiciese que no sintieras nada, ¿te la tomarías?».

He hecho esta pregunta muchísimas veces, y después de un breve silencio, la mayoría niega con la cabeza: no. No se la tomarían. Cuando les pregunto por qué, después de un momento de reflexión, responden algo así: «"Si no notase nada, me sentiría como una piedra". "No sé cómo expresarlo, pero sentir dolor me hace ver que soy humano." "Si no sintiese añoranza y tristeza, sería como si no la quisiera, como si no me importase su muerte." "Aunque me duele mucho, me siento conectada con ella; es como si a través del dolor pudiese seguir siendo su padre"».

La mayoría de las personas en duelo perciben que en la aceptación del dolor hay algo importante. Que vivir las emociones de la pérdida tiene un sentido, aunque no encuentren palabras para describirlo. La sintomatología es normal, natural y humana, y además parece mostrarnos algo que tiene un valor.

Es importante añadir que existe un pequeño porcentaje que afirma que sí tomaría esa pastilla. En general, se trata de personas que han perdido a un ser querido muy recientemente, que se encuentran en estado de choque o que acumulan una serie de pérdidas no elaboradas y a las que el sufrimiento ya les resulta del todo insoportable.

Sigamos explorando juntos. ¿Qué opinas de estas dos historias?

- Hace seis meses que José perdió a su mujer después de seis años de matrimonio. No ha dejado de trabajar. Dice que está bien. Ha sacado de casa todos los recuerdos, la ropa y las fotos, y ha pedido a la familia que no mencione su nombre porque eso lo ayuda. Nunca habla de lo ocurrido. Nadie lo ha visto llorar.

- Hace seis meses que Ramón perdió a su mujer después de seis años de matrimonio. Ha dejado de trabajar porque dice que no se ve con ánimos. Se encuentra muy triste y habla a menudo de lo ocurrido. Ha pedido a todo el mundo que, por favor, le hablen de su mujer; dice que eso lo ayuda. En casa tiene un rincón con los objetos más queridos por ella. Le gusta pasearse por los lugares que le traen recuerdos y llora a menudo.

¿Qué opinas? ¿Quién crees que está viviendo un proceso más saludable? Da que pensar, ¿verdad? ¿Qué es para ti hacer un buen duelo? ¿Qué es un duelo normal? Cuando se suprime la sintomatología incómoda, ¿la persona está haciendo un buen duelo? ¿La ausencia de sufrimiento significa que el duelo ya ha pasado?

Cuando hablamos de dolor físico, la respuesta es clara: si tienes una apendicitis, la función del dolor es advertir de la infección. Una alarma sin la cual esta se extendería y acabaría por destruirte. Por tanto, suprimir el dolor y anestesiarlo no resuelve el problema. La infección continúa. Calmar el dolor es necesario, pero si no va acompañado de una cura para la infección, puede resultar incluso peligroso.

Si un médico, ante una apendicitis, recomendase únicamente analgésicos, ¿qué le diríamos? En el duelo ocurre exactamente lo mismo: la medicación analgésica por sí sola no cura el duelo. Es cierto que, continuando con el símil, existen estados víricos y heridas que se curan solas: el cuerpo tiene respuestas naturales del propio sistema que hacen que la infección, si es leve, remita sin tener que hacer nada especial. El tiempo, quizá, cure esas heridas. Pero cuando se trata del duelo... ¿es cierto que el tiempo lo cura todo? ¿Es verdad que solo con la ayuda de la medicación para aliviar el dolor y que pase el tiempo podemos superar la muerte de un ser querido?

DUELO Y MEDICACIÓN

Hace veinte años que se suicidó mi hijo. Inmediatamente después de su muerte, me derivaron a una unidad de psiquiatría en la que me recetaron ansiolíticos y antidepresivos. Aquellos años los pasé en las nubes; sabía que necesitaba ayuda y que con la medicación no avanzaba. Las visitas al psiquiatra eran muy cortas, no había tiempo para expresar nada, solo para un «¿cómo vas?», y para aumentar o reducir la medicación. Lo dejé. El médico me dijo que caería en una depresión y en ideas suicidas. Más tarde me derivaron a otro psiquiatra. Las visitas eran más largas. Parecía más interesado en indagar sobre mi infancia que en saber cómo era mi hijo. Yo necesitaba que me preguntasen por él, pero cada vez que intentaba hablar de su muerte, de mi culpa, de mi desesperanza, el tema se redirigía hacia mi pasado. Hasta que empecé a participar en un grupo de apoyo para personas en proceso de duelo no me di cuenta de que era eso lo que me pasaba: que estaba de duelo y que mostrar mis sentimientos no era patológico. No era una enfermedad mental, lo único que necesitaba era que me diesen permiso para mostrar mi dolor, hablar de mi hijo, expresar mi enfado y llorar su muerte.

**El sufrimiento de tu pérdida, como una brújula, te orienta señalando adónde debes dirigir tu mirada.
Si lo acallas, anestesiándolo o suprimiéndolo, la herida emocional seguirá abierta y tu duelo continuará sin resolverse.**

Si solo aliviamos el sufrimiento, la herida mal cerrada seguirá supurando. Los síntomas del duelo señalan cuestiones que debemos elaborar, atender, observar, mirar con detenimiento. Las veremos más adelante. Suprimir el dolor sin realizar ese trabajo podría llevarnos a hacerlo crónico. Es lo que ocurre cuando se sobremedican las vivencias del duelo. La medicación puede paliar y mitigar las sensaciones desagradables, pero no puede resolver la culpa, ni suprimir la añoranza, ni reparar los aspectos más difíciles de la relación.

Es importante recordar algunos datos sobre el consumo de antidepresivos. Los antidepresivos se han convertido en el tercer producto farmacéutico más vendido en todo el mundo. Los estudios realizados hasta la fecha sobre su eficacia demuestran claramente que son útiles en depresiones severas, para personas afectadas intensamente por la depresión con una alta incapacitación para la vida diaria, afectiva y funcional. En esos casos, la prescripción de antidepresivos mejora de manera sustancial la experiencia de las personas.

Los estudios también coinciden en que su eficacia en casos leves está por demostrar. No hay mejoras sustanciales y los beneficios son generalmente imperceptibles. A pesar de esa evidencia, el 50 por ciento de las prescripciones de antidepresivos en atención primaria se da a personas que no cumplen los requisitos necesarios para establecer un criterio psiquiátrico. El problema de disponer tratamientos antidepresivos a personas en un proceso de duelo de manera indiscriminada, y por la única razón de que están experimentando dolor emocional, no es solo que los pacientes pueden padecer efectos secundarios adversos (lo que denominamos iatrogenia medicamentosa). El problema añadido es que se considera patológica una situación emocional normal que puede ser más o menos desagradable, pero que resulta legítima, humana y adaptativa, y que parece, desde el punto de vista psicológico y emocional, necesaria.

Muchos profesionales de la medicina advierten del problema de sobremedicar situaciones de la vida cotidiana incómodas, pero naturales: la jubilación, una separación, una pérdida laboral... Al medicalizar pérdidas naturales de la vida estamos, advierten los expertos, quitando al individuo la responsabilidad de su proceso de adaptación y de sus emociones que pasan a ser gestionadas por un médico a través de la prescripción de fármacos antidepresivos, fomentando así el papel pasivo del enfermo ante las sacudidas propias de la vida. En muchos casos, esos pacientes acaban consultando al médico por sistema y toman medicación siempre que se encuentran en una situación de aflicción o estrés emocional

Las personas en proceso de duelo que presentan niveles elevados de angustia, agitación o dificultades para dormir pueden beneficiarse de una medicación de antidepresivos o ansiolíticos, siempre prescritos durante un espacio de tiempo breve. En caso de que el proceso de duelo se complique, cosa que solo puede determinarse a partir de los seis meses de la pérdida,[1] el profesional debe prescribir la medicación recomendando que se acompañe de un apoyo terapéutico especializado en duelo.[2]

En resumen, si estás de duelo y en manos de un médico, y te estás planteando la posibilidad de tomar ansiolíticos o antidepresivos, recuerda los dos criterios que debes tener en cuenta en caso de que finalmente decidas tomarlos:

- Debes planteártelo como un apoyo transitorio, es decir, limitado en el tiempo, con la perspectiva de que habrá que dejarlos.
- Es necesario que lo complementes en paralelo con un apoyo terapéutico adicional, individual, familiar o grupal.

Si decides tomar medicación porque sientes que el dolor que vives es insoportable, es importante que adquieras el compromiso de pedir ayuda psicológica, ya sea en un grupo de duelo o con un soporte más individual, con un experto. Además, concédete un tiempo, unos meses, después de los cuales intentarás reducir la medicación hasta prescindir de ella. Recuerda que tomar medicación inadecuada en situaciones de pérdida y duelo puede contribuir a la cronificación del proceso.

Todo lo expuesto se refiere a los ansiolíticos y a los antidepresivos, no al apoyo puntual con medicación para poder dormir que, en ocasiones, resulta necesaria (sobre todo en los primeros días y las primeras semanas posteriores a la pérdida). Dormir es indispensable para la salud emocional, y en caso de insomnio persistente, la persona puede beneficiarse de un apoyo farmacéutico a fin de reposar y recuperar las defensas naturales con un sueño saludable.

Es importante que las personas que ya toman medicación prescrita por otras condiciones médicas previas al duelo consulten con su médico. No dejes ninguna medicación sin hablarlo antes con tu médico.

NOTAS DEL TERAPEUTA

Diferencia entre duelo y depresión

La depresión severa es una enfermedad importante que afecta a las personas en su manera de pensar y sentir, con muchos sentimientos de tristeza y pérdida de interés en actividades que anteriormente resultaban placenteras. Es una enfermedad grave que requiere de tratamiento a largo plazo. En los primeros meses después de la pérdida de un ser querido, es importante diferenciar entre un duelo normal y un diagnóstico de depresión severa. El duelo es un proceso natural e individual y comparte algunos rasgos parecidos a la depresión como la tristeza intensa, el abatimiento, la desgana y el desinterés por actividades habituales que se realizaban anteriormente. Pero la depresión y el duelo se diferencian en aspectos importantes.

• En el duelo, los sentimientos difíciles aparecen como olas mezcladas con momentos positivos, recuerdos agradables de la persona fallecida. En la depresión, el humor y las ideas son constantemente negativas.

- En el duelo la autoestima está normalmente preservada. En la depresión severa los sentimientos de inutilidad, incapacidad, y baja autoestima son recurrentes.

Aunque es común un estado depresivo en el duelo, es importante no confundirlo con una depresión mayor. El duelo puede en el tiempo precipitar una depresión mayor en colectivos vulnerables.

¿Cómo diferenciar un duelo de una depresión?

Duelo Fase aguda	Depresión
• Estoy muy triste por lo sucedido. • Tengo una añoranza intensa, pero estos sentimientos se intercalan con algunos buenos momentos. • No me interesa hacer nada sin mi ser querido, pero puedo pasar buenos momentos con mis nietos, hijos o amigos. • A veces no sé quién soy sin él/ella. • A veces no sé qué hacer sin él/ella, pero confío en que en el futuro podré recomponerme. • A veces deseo morir para reunirme con él/ella. • A veces deseo morir porque pienso que no puedo vivir sin él/ella.	• Siempre estoy triste y abatido. • No me interesa nada, pienso que la vida no vale la pena. • Me siento solo siempre. • He perdido todo el placer e interés en la vida diaria. • Me siento inútil e incapaz. • Mi percepción de mí mismo es que no soy alguien valioso. • No veo futuro en mi vida. • A veces deseo morir para acabar con mi sufrimiento. • A veces deseo morir para acabar con la soledad.

¿TIENE FASES EL DUELO?

Muchos autores afirman que el proceso de pérdida, ya sea por enfermedad, muerte, o cualquier otra situación, se vive en diferentes etapas. Esta idea fue popular entre los expertos durante muchas décadas; después se criticó y se rebatió. Ahora encontramos profesionales que están de acuerdo con ella y otros que se muestran contrarios.

La primera autora, y sin duda la más conocida, que habló sobre cómo afrontamos la muerte fue la doctora Elisabeth Kübler-Ross, que describió cinco etapas:

- Negación.
- Ira.
- Pacto.
- Depresión.
- Aceptación.

Su libro *Sobre la muerte y los moribundos*,[3] publicado en 1969, tuvo un impacto espectacular. Se vendieron millones de ejemplares. ¡Un bestseller!

En aquel momento, el tema de la muerte era totalmente tabú. En Estados Unidos empezaron a plantearse los novedosos tratamientos de longevidad, los primeros trasplantes de corazón habían sido un éxito y los avances en medicina hacían prever que la esperanza de vida aumentaría hasta límites insospechados. La osadía de hablar abiertamente sobre la muerte sorprendió a mucha gente. El libro incluía testimonios de enfermos al final de su vida que expresaban su soledad, sus necesidades emocionales y el aislamiento al que se veían sometidos. Era, además, una denuncia contra una medicina deshumanizada que otorgaba poca atención a la vida afectiva de los pacientes. Era preciso curar la enfermedad por todos los medios. El encarnizamiento terapéutico, es decir, el uso de tratamientos agresivos hasta el último momento, que prolongan el proceso de morir, era una situación común a todos los enfermos terminales. Y las dimensiones emocionales, espirituales y sociales del enfermo no eran tenidas en cuenta. Los pacientes estaban en fase «aguda» hasta que morían: no existía el concepto de *cuidados palia-*

tivos, ni de atención al final de la vida, ni tampoco se contemplaba la necesidad de apoyo psicológico, espiritual, o emocional.

La idea de que podía existir una etapa de final de la vida sobre la cual la medicina tenía mucho que decir y proponer no era del gusto de la mayoría de los profesionales: el médico está para curar, esa es su única función. El siguiente texto refleja la situación en aquellos tiempos en la mayoría de los hospitales.

A mi médico y a mis enfermeras:

En el tiempo que llevo aquí he aprendido muy rápido qué queréis de mí: queréis verme sonriente y limpio, que sea amable y que no haga mucho ruido, que oculte lo que siento y no hable de lo que pienso. Que coma cuando me lo digan, que duerma cuando es la hora y que siga las normas de vuestro hospital.

Pero ¿quién se ha preocupado de saber qué es lo que quiero yo?

Si intento decíroslo, huis, cambiáis de tema o me decís que estoy progresando, o que no hable de cosas tristes. Y me dais un tranquilizante para que me duerma y no moleste.

Sé que hacéis todo lo posible para mantenerme con vida, pero ¿es eso lo que yo quiero? Hay muchas cosas más terribles que la muerte: el aislamiento y la desesperanza.

Por favor, lo que yo os pido es que hagáis todo lo posible para que tenga una buena muerte. Es todo lo que deseo de vosotros.

Sentaos a mi lado y escuchadme: no me obliguéis a comer ni a beber, no más tratamientos inútiles.

Solo sé que no quiero estar solo, poder hablar de mis miedos, de mi vida y de mi muerte.

Y, sobre todo, sentir que aún puedo amar y sentirme amado hasta mi último momento.

Actualmente, cincuenta años después, la situación ha mejorado bastante. A pesar de todo, el testimonio anterior puede aún resultar familiar en ciertos hospitales donde los cuidados paliativos no han sido implementados.

La tesis sobre las fases que la doctora Kübler-Ross defendía era de fácil argumentación. Después de escuchar a muchos pacientes y sus familiares, tuvo la fantástica intuición de que las personas afrontamos las pérdidas con respuestas afectivas y psicológicas muy parecidas, y con una función psicológica importante. Las identificó, les puso nombre y señaló que parecían seguir una progresión. Todo el mundo se sintió identificado: era un modelo claro, comprensible y sencillo, aplicable a cualquier situación de pérdida, incluso si lo único que has perdido son las llaves de casa. Veamos este mismo ejemplo.

- *Negación.* No encuentras las llaves en ninguna parte. Registras el bolso o tus bolsillos por tercera o cuarta vez. Es evidente que no están, pero vuelves a vaciarlos y a comprobarlo por enésima vez. Inspeccionas el abrigo una y otra vez. No. No puede ser.
- *Ira.* Te enfadas contigo mismo. «¿Cómo es posible que me las haya dejado?» Te dices de todo: «Despistado, inútil, ¿dónde tengo la cabeza?». También te enfadas con quien tienes al lado. Es otra posibilidad: «¡Te las di a ti!».
- *Pacto.* «Si las encuentro, prometo prestar más atención» y te dices para tus adentros: «Iré más despacio... me organizaré mejor. Haré una copia y la guardaré en un lugar seguro. Nunca más volverá a pasarme esto».
- *Depresión.* No hay nada que hacer. No están. Las has perdido. No podrás entrar en casa. Es así. Las energías te abandonan, el enfado se disipa, te invade el desánimo.
- *Aceptación.* Bueno, no sirve para nada seguir lamentándose. La situación es la que es: eres un despistado (o una despistada), pero quejarte y seguir dándole vueltas no arreglará nada. Hay que hacer algo. Te organizas para resolver el problema.

Piensa en otras pérdidas y verás que el modelo se aplica del mismo modo.

Este modelo ha sido muy popular durante muchos años, pero ya no lo utilizamos. Aunque nos identificamos con esas reacciones, la realidad es que se superponen. A veces pasamos de la ira a la aceptación, y al día siguiente volvemos a estar enfadados. Tampoco es cierto que ante las pérdidas acabemos siempre con la aceptación. En cualquier caso, ¿qué significa «aceptar»? ¡Unos padres nunca podrán aceptar la pérdida de un hijo!

Hoy en día no tenemos un modelo único que explique cómo se superan las pérdidas importantes de la vida, que se pueda generalizar y que sea aceptado por la comunidad científica de expertos en duelo. Pero sí estamos de acuerdo en que hay unas comunalidades o vivencias universales que merecen nuestra atención a la hora de vivir o acompañar en este proceso.

La propuesta que yo planteo, fruto de mi experiencia de veinte años acompañando a personas, es que el duelo tiene cuatro dimensiones[4] que se dan secuencialmente aunque a menudo se superponen entre ellas. Se trata de un proceso fluido y no rígido. Cualquier pérdida presenta esas dimensiones en mayor o menor medida, y vivir la experiencia implica ponerles atención y aceptarlas todas.

- Duelo Agudo: Trauma-Choque (capítulo 5).
- Evitación-Negación (capítulo 6).
- Integración-Conexión (capítulo 8).
- Crecimiento-Transformación (capítulo 9).

Imagina la siguiente situación. Acabas de perder un brazo en un accidente: te lo han amputado.

- *Duelo Agudo: Trauma-Choque.* Te despiertas de la anestesia y no puedes creerlo. Piensas que estás soñando. Tienen que explicártelo muchas veces. Te olvidas constantemente de esa realidad y haces como si todavía tuvieses el brazo. Te sientes confuso y aturdido: en ocasiones esperas despertar de esa pesadilla.

- *Evitación-Negación*. Pasa un tiempo, sales de la irrealidad... y empiezas a sentirte enfadado con los médicos, con tu familia, con todo el mundo. ¡Todos tienen dos brazos y tú no! ¿Cómo es posible? No quieres aceptarlo. ¡No puedes aceptarlo! Te rebelas contra Dios y contra el mundo. ¡Qué injusticia! Te dices que hay maneras de resolverlo. Sueñas con tratamientos imposibles, con injertos milagrosos. Buscas a los responsables, te planteas denunciar a los médicos o a los presuntos culpables de lo ocurrido. Te niegas a aceptar tu realidad: no te miras en el espejo, no soportas tu imagen.

- *Integración-Conexión*. Poco a poco vas pudiendo reconciliarte con lo sucedido, te espera una vida entera sin ese brazo. Nunca habías valorado la importancia de tener ambos. Ahora te sientes agradecido por lo que has tenido en el pasado y lamentas el futuro que no tendrás. Puedes poner palabras a las cosas que no volverás a hacer: tocar el piano, practicar determinados deportes, abrazar con todo tu cuerpo a tus seres queridos. Aceptas la dependencia que deberás vivir a partir de ese momento. Recuerdas todo lo que hacías antes y valoras cada vez más lo vivido con aquel brazo. Es como si fueses más consciente de tu identidad completa justamente ahora que la has perdido. A ratos estás triste y desanimado; otras veces te sientes esperanzado y con muchas ganas de seguir adelante. Empiezas a tolerar tu imagen; mirarte en el espejo ya no es tan duro. Vas desarrollando nuevos recursos para ser autónomo.

- *Crecimiento-Transformación*. Ser manco forma parte de tu identidad como persona. Has desarrollado maneras de hacer y de estar integrando esa nueva realidad. Te has hecho más fuerte y, a la vez, más sensible a otras personas con discapacidad. Eres tolerante con las carencias de los demás. Posiblemente, ya no juzgas tanto. No ocultas que te falta un brazo. No sientes que seas más inútil o menos que los demás. Lo que te ha pasado te ha abierto a otros valores y a otras maneras de ver la vida. Aprecias más tus relaciones personales y los pequeños momentos especiales del día a día. Estás realizando cambios en los niveles racional y funcional, experimentas también profundos cambios de actitud, y hasta puede que espirituales. Te sientes con energía y con ganas de luchar por una vida distinta.

Es un modelo que funciona bastante bien. No todas las personas viven ese estado inicial de aturdimiento y confusión. Si se trata de una muerte anticipada, posiblemente no habrá tantos elementos traumáticos, en cuyo caso la intensidad del choque será menor.

Si tu abuelo o tu abuela fallecen después de una larga enfermedad y has podido despedirte, has tenido tiempo de estar con él o ella, darles cuidados, expresarles afecto y estar a su lado en el momento de su muerte, posiblemente no experimentarás el *Duelo Agudo-choque*. Mucha pena sí, evidentemente, pero no habrá elementos traumáticos.

También hay muertes donde la persona no responde con *Evitación-Negación*. Si la muerte era anticipada y esperada, y si la persona que atraviesa el duelo tiene cierta madurez y ya ha afrontado otras pérdidas con anterioridad, su tolerancia al dolor será más alta y, posiblemente, no necesitará desarrollar tantas respuestas *de Evitación-Negación*.

Todas las pérdidas deben pasar por una etapa de *integración* y una de *crecimiento* que reflejan el final del proceso.

Capítulo 3
LOS MITOS DEL DUELO

Empecé a ejercer como psiquiatra en un hospital. Quería entrevistar a moribundos. Entonces los llamábamos así, «moribundos». Más tarde, «terminales». Y ahora, «personas al final de la vida». En aquellos momentos (hablo de principios de los sesenta) no existía el concepto de cuidados paliativos. La gente se moría en las unidades de agudos, y si no se podía hacer nada por ellos, todo el mundo evitaba el contacto. El médico sirve para curar, y si ya no lo puede hacer, solo le queda intentar alejarse de la frustración de sentir el fracaso de la medicina. A mí me interesaba saber si realmente podíamos hacer algo más a nivel psicológico por aquellas personas y sus familias, y dado que quienes mejor saben qué necesitan son los propios afectados, me propuse realizar una serie de entrevistas clínicas. El director médico que tenía que dar la autorización fue contundente: «Puedes hacerlo, pero con dos condiciones. La primera es que tienes que pedir permiso a cada familia antes de entrevistar al enfermo, y la segunda es que de ninguna manera puedes decir ni a la familia ni al paciente que se está muriendo». Me gustan los retos. Acepté. El primero era un señor mayor; le quedaban pocas semanas de vida. Me dirijo a la familia: «Me gustaría entrevistar a vuestro padre, soy psiquiatra y me gustaría saber cómo está viviendo la enfermedad y en qué podemos ayudarlo para que la viva mejor». Me escuchan; la mujer y los hijos se ponen de acuerdo. «Sí, pero con dos condiciones: primero tiene que pedirle permiso a él y prometernos que de ninguna manera le dirá que sabemos que se está muriendo.» ¡Es decir, que ya lo saben! Pienso y guardo silencio, por supuesto. «No se preo-

cupen, así lo haré.» Al día siguiente voy a la habitación del enfermo, mi primer paciente. Me presento, y tratando de esquivar el hecho de que se está muriendo, le digo: «Me gustaría compartir con usted cómo se encuentra, qué cosas lo ayudan ahora y cuáles necesita. ¿Cómo lo ve? ¿Le parece bien?». «Sí. —Me sonríe—. Estaré encantado de compartirlo con usted. Hablaremos de mi muerte... pero hay una condición, y es que de ninguna manera quiero que mi familia sepa que yo sé que me estoy muriendo. No quiero que sufran... ¿Está de acuerdo?»[5]

ELISABETH KÜBLER-ROSS

Yo sabía que él sabía que se moría, y él sabía que yo lo sabía, y también él sabía que yo sabía que él lo sabía. Nunca dijimos una sola palabra.

Una viuda, tras la muerte de su marido

Seguramente, muchos de nosotros podemos explicar historias como estas. Hemos visto morir a algún familiar y no hemos hablado sobre lo que nos estaba ocurriendo. Es fácil decir a los demás que hay que hablar de los temas dolorosos que les afectan, pero cuando nos toca a nosotros... qué difícil, ¿verdad? ¿Quién no ha vivido una experiencia así en su propia familia? Y lo hacemos con toda la buena intención. Nos parece que ayudar es hacer ver que no pasa nada, que el dolor no existe si no hablamos de él. Pero eso no es cierto. El dolor sigue ahí, detrás de un gran muro de silencio.

Hablar de la muerte no la precipita.

Hablar de la muerte no es morirse.

Una de las lecciones más importantes que nos ha dejado la doctora Elisabeth Kübler-Ross es la de señalar la importancia de romper los muros de silencio con los que rodeamos los temas de la muerte y el duelo.

Seguramente, si preguntásemos a quienes estáis leyendo este libro qué muerte consideráis la «más apropiada», cuál desearíais para vosotros de entre todas las posibles, coincidiríais en que no queréis sufrir, que deseáis estar con las personas que os quieren, en un lugar agradable (a poder ser, en casa), y que de ninguna manera pretendéis que os prolonguen la vida con medios tecnológicos en caso de que vuestra conciencia quede mermada y sin posibilidades razonables de recuperación. Seríais específicos en determinados detalles sobre lo que deseáis y lo que no. Luego, si os preguntasen a qué miembro de vuestra familia habéis comunicado todo eso que tenéis pensado, la mayoría de vosotros seguramente me respondería que a nadie.

El encarnizamiento terapéutico, alargar la existencia con tratamientos que no garantizan la calidad de vida, podría ser una de las consecuencias de no hablar de la muerte. Cuando nos vemos sacudidos por una pérdida levantamos esos muros para protegernos de sentir demasiado dolor, pero el precio que pagamos es el aislamiento, ya sea de la persona en duelo, del enfermo o de la propia familia. Protegidos por esas defensas construidas a base de silenciar lo realmente importante, todos vivimos el sufrimiento individualmente, sin la posibilidad de aliviarlo compartiéndolo.

Recuerdo a un padre y a un hijo que acudieron a una de mis consultas. Conseguí que hablaran de la muerte de la madre, ocurrida dieciocho años atrás. El hijo reprochaba al padre: «Me parecía que no te importaba lo que había pasado. Yo te veía igual, atareado, sin expresar nada, sin hablar nunca de mamá ni de lo que había pasado. Llegué a odiarte... Pensaba que no querías a mamá». Y el padre le respondió:

«Yo creía que te iba bien así, que lo que nos ayudaría era seguir adelante y que vieses a un padre fuerte».

A veces, negar la realidad nos puede ayudar a sobrevivir, pero si el silencio y el «disimulo» acaban instalándose en el tiempo, el dolor y la soledad son cada vez más grandes y pueden acabar dañando a la persona, sus emociones, sus relaciones y su autoestima. Pero ¿por qué nos cuesta tanto hablar del tema?

En mi primer día en el grupo de duelo he aprendido tres cosas importantes: que lo que nos ayuda es compartir, compartir y compartir. Mi hermano murió con diecisiete años; yo tenía quince. En casa nunca hablamos de lo sucedido. Mi madre no volvió a mencionar nunca su nombre. Ahora tengo cincuenta y hoy, por primera vez, he contado cosas al grupo que nunca había contado. Terrible, ¿verdad? Tantos años y con tanto dolor escondido.

La palabra no es el hecho, pero nos lo representa y nos lo acerca. Las palabras con las que nos referimos tanto a objetos como a sucesos o sentimientos nos permiten conocerlos antes de experimentarlos. ¿Cómo se hace eso? Suscitando las emociones con antelación. Es como un milagro y a la vez un reto: hablar puede transformar nuestra manera de pensar, sentir y experimentar la realidad.

Cuando algo nos da miedo, no hablamos de ello aunque lo tengamos delante de las narices; así nos parece que estamos protegidos de ese sentimiento. Es a lo que se llama «esconder la cabeza debajo del ala». Pero desde el punto de vista de la estrategia evolutiva de supervivencia, no está claro que «esconder la cabeza debajo del ala» de la manera en que lo hacemos los humanos (ignorando un peligro o una amenaza) sea una respuesta adaptativa. Pero lo hacemos muy a menudo... Ya lo decía Blaise Pascal: «Preferimos vivir la muerte que pensarla».

¿Por qué nos cuesta no solo pensarla, sino también hablar de ella?

Los seres humanos tenemos un mecanismo que nos prepara para afrontar retos o amenazas: la capacidad de anticipación. Anticipar consiste simplemente en pensar y hablar sobre la experiencia antes de que esta se produzca. Las palabras nos aproximan a los hechos, y eso nos permite experimentarlos antes de que sucedan (o, si se trata de un recuerdo, mucho después de que hayan sucedido). Es un mecanismo potentísimo cuya función precisa es poder graduar el nivel de sufrimiento y dosificarlo para que no nos pille desprevenidos. Todo el sufrimiento, el dolor o el miedo que hayamos podido anticipar no los viviremos cuando nos llegue la experiencia. ¡Qué buena manera de prepararnos! Es como un entrenamiento, una capacitación previsora, pero implica la valentía de hablar de las cosas que nos resultan incómodas y de luchar contra un entorno que no nos lo pone fácil: tenemos que resistir la presión externa que nos empuja a no hablar de todo lo que resulta incómodo.

CÓMO SE CREAN LOS MUROS DE SILENCIO

¿Dónde hemos aprendido que el dolor debe rodearse de un muro de silencio? ¿De dónde surge ese impulso de huir de él? ¿Quién nos ha enseñado a reaccionar así?

Tienes seis años y se ha muerto tu pajarito preferido.

a) Casi ni te enteras. Tu padre ha comprado otro igual y le pone el mismo nombre.

b) Cuando lo ves muerto, se te forma un nudo en la garganta. Tu madre te dice: «Sé valiente, solo era un pájaro. Los niños no lloran». O, si eres una niña: «Te pondrás fea. No montes un numerito por esto».

c) Tu padre te deja solo, tira el pájaro a la basura y hace ver que no ha pasado nada. Tal vez te diga: «Lo mejor es no pensar más, solo era un pájaro».

d) Tu madre te consuela y te pregunta qué quieres hacer con el pajarito. Responde a tus preguntas, y si no sabe qué contestar, lo admite. Tú dices que lo quieres enterrar y ella te anima a que lo hagas de manera especial. Te acompaña y te permite llorar. Al cabo de unos días te dice que si más adelante quieres otro pájaro, lo hablaréis. Le pondréis otro nombre y será otro pájaro distinto.

Veamos otras situaciones de pérdidas importantes que viven los niños y adolescentes, y los estilos de afrontarla que aprenden de sus adultos de referencia.

a) Mamá se estaba muriendo y me llevaron al campo, a la casa de unos primos. Me pasé un mes jugando y disfrutando. Cuando regresé a casa, mamá ya estaba enterrada. Me hubiese gustado asistir al funeral. Nadie me llevó ni me explicó nada. Solo veía caras tristes. Cuando fui más mayor, me sentí muy culpable por habérmelo pasado tan bien mientras mi madre estaba enferma, en sus últimos días.

b) Me ocultaron que mi abuela había muerto. Me dijeron que se había ido de viaje «al pueblo, a buscar novio». Me pasé varios años enfadada con ella, pensando que me había abandonado. Cuando supe la verdad, ya más mayor, me sentí muy culpable.

c) Durante la enfermedad de mi padre, nadie me explicó nada. Después, mamá y él se marcharon; nos dijeron que estaban de viaje y nos dejaron con una tía. Unos días después, mi madre llamó por teléfono y me dijo: «Papá ha muerto». Siempre recordaré aquel momento. Me sentí muy solo y no entendía qué me pasaba.

d) Mi abuelo se suicidó en mi casa. Yo sabía que había pasado algo grave, pero nadie me explicaba nada. Solo veía caras largas. Una tía que vino a pasar unos días me explicó con palabras sencillas lo que había ocurrido. Recuerdo que pude preguntarle muchas cosas. Después me acompañó al cementerio. Fuimos varias veces hasta que ya no quise ir más. Siempre le estaré agradecida.

Nuestras primeras experiencias de pérdida, ya sean leves (un traslado o la pérdida de un animal de compañía) o graves (una enfermedad, una separación o la muerte de un ser querido), constituyen el terreno de aprendizaje en el que los adultos que nos cuidan nos transmiten su modelo de gestión de la vida emocional.

Seguramente, cuando éramos pequeños, todos hemos vivido los ejemplos que hemos visto en versiones iguales o con matices. Como padres, también habremos respondido de alguna de esas maneras ante el dolor experimentado por nuestros hijos.

El problema surge cuando toda nuestra experiencia de necesidad de consuelo ante la vivencia y la expresión de la pena consiste en alguna de estas respuestas: negar, minimizar, sustituir, ridiculizar o racionalizar.

Si los adultos que te han acompañado son como los que se describen en el apartado d, ¡puedes estar contento!

Un niño puede vivir cualquier cosa siempre y cuando se le diga la verdad y se le permita compartir con sus seres queridos los sentimientos naturales que todos tenemos cuando sufrimos.

LAWRENCE LESHAN

Si te identificas más con el resto de los apartados (a, b y c), es posible que ahora tengas una pista de por qué vives algunas de las siguientes situaciones:

- Cuando sientes dolor, no entiendes qué te ocurre. No sabes poner nombre a tus emociones y esperas que alguien venga a rescatarte sin pedir ayuda.
- Te enfadas cuando vives una pérdida y desplazas tu ira en los demás: en tu pareja, tus amigos o tus hijos.
- Te sientes víctima de la vida, consideras que es dura e injusta contigo. Te deprimes.
- Crees que demostrar dolor no sirve de nada, que es una señal de debilidad. Te da vergüenza mostrarte vulnerable. Crees que cuando vives una pérdida debes tragarte el dolor, y que pedir ayuda no sirve de nada.
- Tienes sensaciones extrañas; te dices que tienes que ser racional y que el tiempo lo cura todo. Y si eso no es suficiente para calmar tu angustia, te esfuerzas continuamente en distraer tu dolor o anestesiarlo comiendo, ocupándote en un montón de tareas, bebiendo o aislándote.

Si vives alguna de estas situaciones, o varias a la vez, ya lo sabes: son maneras de levantar muros de protección ante el sufrimiento natural por tus pérdidas, maneras aprendidas de los adultos que te rodeaban cuando eras pequeño. Tu modelo de gestión del dolor es el que tuviste en tu familia, en tu entorno social y en tu colegio. Ahora lo tienes tan interiorizado que ya lo has hecho tuyo y forma parte de lo que llamamos *sistema de afrontamiento de Evitación-Negación en el duelo*.

Este conjunto de respuestas ante el dolor se basa en una serie de creencias que lo sostiene. Son, por decirlo de alguna manera, los cimientos de los muros de silencio, convicciones que hemos interiorizado pensando que eran verdades absolutas porque siempre las hemos vivido así, las hemos visto en las personas que nos rodean.

Los mitos o falsas creencias más comunes en el duelo son:

1. El tiempo lo cura todo.
2. Expresar tu dolor te hace daño a ti mismo.
3. Expresar tu dolor hace daño a los demás.
4. Expresar dolor es una señal de inadecuación.
5. El dolor debe ser expresado en la intimidad.

MITO 1. EL TIEMPO LO CURA TODO

Veamos dos historias reales de dos personas muy conocidas que perdieron a un ser querido entre su infancia y su adolescencia. La religiosa y escritora franco-belga sor Emmanuelle (1908-2008) tenía seis años cuando vio morir a su padre. Évariste Galois (1811-1832), el gran matemático, tenía dieciocho años cuando su padre se suicidó. ¡Fíjate qué vivencias tan distintas!

Cuando era pequeña, vi cómo se ahogaba mi padre. No pude hacer nada. Creo que aquella experiencia ha marcado mi vida; de hecho, mi vocación religiosa data de aquel día... Ahora tengo sesenta y dos años, y por fin mi comunidad me ha permitido viajar a Egipto, mi sueño: poder vivir entre los más pobres de los pobres. Vivo en una barraca diminuta de no más de tres metros cuadrados. Está sobre un depósito de ba-

suras y tengo un saco a modo de colchón, una mesita y una
silla. Por fin soy feliz. ¡Qué bonito volver a sentirse joven, le-
vantarse a las cinco de la mañana y poder sonreír!

MADELEINE CINQUIN, SOR EMMANUELLE, *Memorias*

¿Sabes qué te digo, amigo mío? ¿Sabes qué es lo que más echo en
falta ahora mismo? Y solo puedo confiártelo a ti, alguien a quien
pueda querer, y querer solo en espíritu. He perdido a mi padre y
nada nunca lo podrá sustituir ni reemplazar, nada, ¿me oyes?

ÉVARISTE GALOIS, nota de su intento de suicidio

¿Se curan solas las heridas? Algunas sí, es cierto. Hay heridas que el propio cuerpo supera con el tiempo y con los procesos naturales de desinfección y cicatrización. Si fuese igual con el duelo, que es una herida emocional, solo sería cuestión de suprimir la sintomatología, anestesiarla, sentarse y tener paciencia.

Pero hay heridas que se infectan y van a peor, invadiendo el cuerpo de la persona afectada. Otras cicatrizan, pero se quedan llenas de pus por dentro, de forma que en cualquier momento podría reactivarse la infección. En otros casos, alguna estructura interna (por ejemplo, un hueso) no se cura bien, y si no se restaura, la herida se encapsulará y quedará mal curada para siempre. Existen numerosas experiencias de duelo en las que la infección no se ha curado bien, o huesos que no se han soldado como deberían porque no se recolocaron correctamente en su momento.

Veamos algunos ejemplos de heridas de duelo mal cicatrizadas:

- *Hace cinco años que mi hermano perdió a su hija de diez. Parece que*
  está bien, pero lo veo muy irritable. En el trabajo me dicen que está

tenso y que salta a la primera de cambio. Pero el duelo lo lleva bien; al menos no lo vemos triste ni habla del tema. Se distrae. Lo único es ese mal humor que tiene siempre. Antes no era así.

- *Después de la muerte de mi hijo, me dijeron que yo lo llevaba muy bien. Que el tiempo me ayudaría. Me hice la fuerte y decidimos no hablar del tema en casa. Han pasado ocho años. Un año después del suceso, mi marido y yo nos separamos. Mi hijo mayor no levanta cabeza, lo veo mal, y a mí me acaban de diagnosticar un cáncer.*

- *Después de la muerte de mi madre, parecía que mi padre estaba bien. Se le veía triste, pero lo solucionaba manteniéndose muy ocupado. Un año después sufrió un ataque al corazón.*

- *Perdí a mi primera pareja cuando tenía veinticuatro años. Estábamos a punto de casarnos. Después me fui a vivir al extranjero. He viajado mucho. Ahora tengo cuarenta y cinco años y sigo sola. No he vuelto a tener pareja; me han gustado otros hombres, pero no sé por qué, cuando parece que la cosa empieza a avanzar, yo corto. A veces me pregunto si no tendrá algo que ver con la muerte de mi primer novio.*

Estos son cuatro ejemplos en los que parece que el tiempo no ha sido suficiente para resolver el duelo, que se cronifica y tiene consecuencias graves (en algunos casos, devastadoras) para la vida relacional e íntima, y para la salud mental y física.

Tu duelo no se cura solo con el tiempo; sino que depende de lo que tú hagas con ese tiempo.

MITO 2. EXPRESAR TU DOLOR TE HACE DAÑO A TI MISMO

Acababa de darme la terrible noticia, así, de golpe. Me puse fatal, lloraba y creo que gemía a un volumen un poco alto. El médico estaba visiblemente apurado; entonces me dijo que la enfermera me daría algo. Cuando ella me acercó el vaso con una pastilla, le pregunté: «¿Qué es eso?». «Un valium, se sentirá mejor.» No lo entendí, estaba muy enfadada y le dije: «Déselo al médico, me parece que lo necesita; si él se lo toma mientras yo lloro la muerte de mi hija, lo ayudará a soportar mis lágrimas».

Suspirar, llorar o gemir no son actos autolesivos, sino la manera natural de expresar nuestra pena. Es posible que después te sientas cansada y frágil, pero también habrás aligerado el peso de tu dolor. No existe prueba alguna de que llorar haga daño. La doctora E. Kirkley Best, experta en acompañar a padres que han perdido a sus hijos en el momento del parto (pérdidas perinatales), afirma que «las lágrimas de los padres solo representan un peligro para las emociones de los médicos».[6]

Llevo veinte años escuchando a personas en duelo, he visto y escuchado llorar a muchas personas, y todas, absolutamente todas, dejan de hacerlo al cabo de un rato. La sensación del que escucha puede resultar incómoda porque obliga a conectar con la impotencia de no poder hacer nada. Pero cuando aceptamos que simplemente estando presentes ya estamos ayudando, y descubrimos cómo nuestra presencia silenciosa y afectuosa es curativa en sí misma, entonces resulta más fácil acompañar y aprendemos a confiar en las bondades del proceso natural humano que es compartir la aflicción.

En ocasiones, a la persona que llora le parece que se volverá loca.

> **Lo que puede enloquecer a la persona en duelo no es el sonoro llanto de atreverse a compartirlo, sino el sufrimiento callado de tener que contenerlo.**

La función de las lágrimas y el llanto

Llorar es una reacción universal cuando afrontamos una pérdida o una situación de estrés muy intensa, una habilidad estrictamente humana que ha sobrevivido y se ha sofisticado en la evolución de nuestra especie por alguna razón importante. Los estudios realizados por el doctor Frey[7] sobre la composición química de las lágrimas (las que van asociadas a una emoción, no las que se nos escapan cuando cortamos cebolla o se nos mete algo en el ojo) revelan que estas contienen hormonas del estrés (entre otras, prolactina). Estas hormonas tienen la función de preparar al organismo ante una situación de amenaza, para así poder focalizar los recursos personales de manera más eficaz. Nos ayudan a reaccionar bien teniendo cuidado, huyendo o afrontando la situación con más capacidades, o bien tomando una decisión rápida que nos salve la vida. La respuesta de descarga interna de una sobredosis de hormonas del estrés facilita ese proceso, pero cuando finaliza la situación de amenaza, el cuerpo que ha producido un superávit de esas hormonas, necesita un mecanismo para liberarlas, y ese mecanismo es el llanto. Hoy sabemos que estas hormonas mantenidas en el cuerpo a la larga son tóxicas. Las personas sometidas a un estrés constante pueden acabar padeciendo problemas fisiológicos y mentales severos. En general, las mujeres producen niveles más altos de prolactina, por ejemplo, estos aumentan especialmente durante el embarazo. Según los expertos, eso podría explicar por qué en general les es más fácil llorar, y todavía más durante el embarazo.

Llorar no tiene efectos secundarios adversos, al contrario: libera el exceso de tensión, reduce la presión sanguínea, produce distensión muscular, y tiene un efecto sedante y antidepresivo. Después de llorar, de forma natural, la mayoría de las personas afirma sentirse mejor. Además, las lágrimas suavizan la piel y mitigan las arrugas del rostro. Es cierto que los ojos se enrojecen y quedan hechos un asco, ¡sobre todo si vas maquillada! Sin embargo, si descansas después, al día siguiente comprobarás que te has sometido a un tratamiento de belleza natural. No llorar aumenta la tensión muscular y el nivel de estrés, y puede acabar provocando problemas vasculares por el aumento de la presión sanguínea.

Llorar también tiene una función social: es una manera de pedir ayuda. Cuando estamos tristes y lo demostramos, los demás se acercan y nos ofrecen su apoyo, nos preguntan si necesitamos algo. Ver llorar a alguien invita a la compasión y alerta a la comunidad de que uno de sus miembros necesita ayuda. ¿Imaginas qué pasaría si un bebé se perdiese en una ciudad y no llorase? El llanto es la manera que tiene el niño de restablecer la vinculación con los adultos y de expresar un malestar para el que todavía no tiene palabras.

Para los niños, llorar es una manera de pedir ayuda física y emocional; no saben llorar solos y buscan la presencia de un adulto que los reconforte. Paradójicamente, al adquirir la habilidad de inhibir el llanto, los adultos acabamos llorando en la intimidad. Por tanto, perdemos la función social y solo nos queda la de descarga.

Las lágrimas vertidas por nuestros seres queridos ausentes son un signo de nuestra humanidad: hablan de un amor que sigue vivo, de una pena que no quiere olvido.

El llanto tiene además otra función que describiremos más adelante, cuando hablemos de la importancia de los recuerdos. Si bien, ciertamente, llorar niebla nuestra visión de lo externo, a la vez la expresión del llanto tiene la cualidad de disipar el velo de nuestro mundo interior. Las lágrimas son portadoras de mensajes esenciales para nuestro duelo.

NOTAS DEL TERAPEUTA
Las funciones del llanto

El llanto en forma de descarga de lágrimas es un proceso fisiológico de liberación del exceso de hormonas responsables del estrés (ACTH, prolactina).

Funciones fisiológicas
- Liberar tensión.
- Reducir la presión sanguínea.
- Favorecer la relajación muscular.
- Favorecer un efecto sedante y antidepresivo.
- Mejorar el estado anímico.

Funciones sociales de comunicación
- Forma no verbal de pedir ayuda física y emocional en momentos de estrés o sufrimiento.
- Responder al dolor del otro mostrando empatía.

Función emocional
- Elaborar la pérdida y dotarla de significado.

MITO 3. EXPRESAR TU DOLOR HACE DAÑO A LOS DEMÁS

Cuando mi hijo me ve llorar, siempre me dice: «Mamá, no llores, ¿no ves que te haces daño? Hazlo por nosotros». Tengo que encerrarme en la habitación para que no me vea.

Cuando estás de duelo y expresas tristeza, pena o añoranza, despiertas emociones en las personas que te rodean... «¡Nos haces llorar!», dicen. Y estaría bien poder responder: «Sí, claro, no pasa nada, podemos llorar juntos si quieres». Seguramente, desde el respeto y el miedo a hacer daño, lo que haces es callar, tragarte el nudo y amordazar el dolor. La tristeza queda sepultada en el corazón.

Emocionarnos al escuchar a una persona en duelo y mostrar aflicción es natural y forma parte de la experiencia de relacionarnos y compartir emociones sobre las cosas que nos ocurren. No ocultar nuestra emoción mientras escuchamos a alguien que nos habla de su duelo es bueno. Transmitimos que nos afecta, que lo sentimos, que amamos, que nos importa y que nos impacta lo que comparte con nosotros.

También, en muchas ocasiones, esa emoción tiene que ver con las pérdidas de quien escucha; se nos despiertan las propias experiencias que todavía nos conmueven. Es curioso observar cómo en los velatorios o después de un funeral, los acompañantes acaban hablando de sus duelos en lugar de consolar a la familia. «Cuando se murió mi...» Cada uno relata sus historias. Las lágrimas de los demás conectan con las nuestras, con las que no hemos derramado, y podemos vivir esa experiencia como una amenaza o como una oportunidad.

> **Las lágrimas de emoción derramadas por el otro**
> **despiertan las nuestras adormecidas**
> **y arrebatan al tiempo y al olvido su botín.**

Cuando somos capaces de compartir nuestra pena durante unos momentos, en silencio o abrazados, expresamos que somos seres humanos en duelo y que a pesar del dolor podemos apoyarnos mutuamente.

Tengo dieciocho años y hace seis meses que murió mi madre. No tengo hermanos, así que mi padre y yo nos hemos quedado solos en casa. Cuando llego cenamos juntos, estamos cansados y hablamos de banalidades; fingimos que no ha pasado nada, nunca hablamos de ella. Después de cenar nos encerramos en nuestras respectivas habitaciones. Me duermo llorando, abrazada a la almohada, y muchas veces lo oigo llorar a él también.

Hagamos de nuestro hogar un espacio en el que podamos expresar alegría y buen humor, pero también tristeza y duelo. El reto como padres consiste en enseñar a nuestros hijos que es bueno mostrar los sentimientos y que no debemos avergonzarnos de esas respuestas naturales que experimentamos ante las situaciones de pérdida. De ese modo, cuando crezcan tendrán la capacidad de estar en intimidad en sus relaciones, de relacionarse con los demás desde el corazón, desde la realidad de la condición humana. La vida será para ellos más intensa y más profunda, y las relaciones resultarán mucho más satisfactorias.

Sin la capacidad de emocionarnos no podemos estar en intimidad. Sin intimidad no podemos disfrutar de relaciones profundas.

NOTAS DEL TERAPEUTA

Los niños y la expresión de dolor de sus adultos de referencia

La afirmación de que compartir nuestro dolor no hace daño a los demás tiene una excepción: expresarlo de manera intensa delante de un niño o de una persona con discapacidad o alteraciones psíquicas puede afectarlos negativamente. Los padres en duelo deben encontrar el punto justo, no siempre fácil, entre expresar lo que sienten porque es natural y humano (de manera que ofrecen a sus hijos un modelo de cómo gestionan los adultos el dolor) y a la vez no mostrar un nivel de dolor excesivo que haga que el niño se sienta desbordado, en peligro o desprotegido, o que piense que es el responsable de ese sufrimiento. Los padres deben mostrar la pena en momentos concretos, sin perturbar el día a día, y tienen que hacerlo de manera que enseñe al niño que, a pesar de sentir tristeza, eso no les impide seguir siendo los responsables de la estructura y de las tareas diarias de cuidados y de proveer afectividad y seguridad hacia el resto de los miembros de la familia. Sabemos que un niño vive manifestaciones de dolor excesivas cuando muestra conductas como las siguientes:

• Quiere ir «al rescate» de los adultos, es decir, comienza a ocuparse de aspectos materiales y/o afectivos que no le corresponden. El niño que quiere «hacer de adulto», que asume responsabilidades por encima de su edad, que observa a los padres constantemente para que no se desborden e intenta consolarlos.

- Hace el papel de «buen niño» para no preocupar más a sus padres: la niña que se adapta a todo y empieza a portarse bien para que los padres se sientan mejor, por ejemplo. Muchos niños se sienten culpables de lo sucedido, y esa respuesta de «portarse bien» puede ser una indicación de ello.
- Menciona la palabra mágica. El niño aprende rápidamente que, si nombra a la persona fallecida, el adulto de referencia dejará de hacer lo que esté haciendo y lo consolará. El nombre en cuestión se convierte en una palabra mágica que no tiene nada que ver con su duelo sino con la necesidad de pedir la atención que necesita.

Es importante que los padres estén atentos a esas respuestas y otras que denotan dificultades en los niños. Lo mejor que pueden hacer unos padres en duelo por sus hijos es pedir ayuda para ellos mismos. Dentro de la experiencia de ser ayudados podrán recibir del terapeuta experto numerosas instrucciones, consejos y aclaraciones sobre el modo de reaccionar ante esas señales a fin de atender las necesidades afectivas de sus hijos, sin descuidar las propias.

MITO 4. EXPRESAR DOLOR ES UNA SEÑAL DE INADECUACIÓN

Comencemos con dos historias.

- Hoy, Luis ha vuelto al trabajo. Es su primer día después de la muerte de su mujer. ¡Qué bien lo lleva! ¡Es admirable! Se le veía contenido, esforzándose para no decaer. No ha dicho nada. ¡Qué fortaleza! Ha trabajado mucho y no ha derramado ni una lágrima. No sabíamos qué decirle y hemos optado por no acercarnos.

- Ramón ha vuelto hoy al trabajo. Es su primer día después de la muerte de su mujer. Estaba triste y se ha emocionado mucho al vernos. Ha querido estar con nosotros y charlar un poco con todos, especialmente con los más allegados. Nos ha explicado cómo fueron los últimos días. Después nos ha agradecido que le hayamos escuchado y nos ha dado un abrazo. No hemos trabajado mucho, la verdad, y hemos acabado todos emocionados con él. Ha sido triste, pero bonito.

Tal vez deberíamos cambiar la manera de entender en qué consiste ser valiente. Tendríamos que plantearnos la posibilidad de que la persona valiente no es la que oculta el sufrimiento, sino la que tiene el valor de compartirlo. Tener recursos durante un duelo significa que eres capaz de dejarte llevar cuando es necesario y de contener las emociones cuando la situación lo requiere. Mostrarse frágil y vulnerable no significa que no estés bien, del mismo modo que mostrarse fuerte e inexpresivo no significa que estés haciendo un duelo saludable.

La persona valiente no es la que oculta el sufrimiento, sino la que tiene el valor de compartirlo.

¿La persona fuerte es la racional? ¿Es que expresar emociones es de débiles, de inmaduros? ¿Lo lleva muy bien porque no expresa nada? Ha muerto un ser querido... ¿qué significa *estar bien*? ¿Actuar como si no hubiese pasado nada? ¿Es eso lo que se espera en un duelo?

Los expertos decimos que la persona que a nuestro entender hace el mejor duelo es aquella que según la familia es la que no lleva bien el duelo porque le ven fatal.

> *Con frecuencia, en una familia en duelo, la persona que lo lleva de manera más saludable es la que la familia identifica como la que está peor.*
>
> JOAN BORYSENKO

En ocasiones, las personas que acuden a los grupos de apoyo a pedir ayuda reciben críticas de sus familias. «No sé qué vas a hacer allí, a escuchar miserias. ¿No tienes suficiente con las tuyas? Te hace daño.» Por suerte, no siempre es así. Muchas familias animan a pedir ayuda a sus miembros más afectados, y he conocido a muchos padres, hombres, que hacían el duelo a través de sus mujeres: las esperaban en casa y ellas les hacían un resumen de lo que habían aprendido en el grupo de apoyo.

MITO 5. EL DOLOR DEBE SER EXPRESADO EN LA INTIMIDAD

Parecía que la pérdida de mi hijo asustaba a algunos conocidos; pasadas las primeras semanas, veía cómo se alejaban. Supongo que no sabían qué hacer, cómo encontrar las palabras adecuadas. Pero yo puedo decir que fui muy afortunada. En aquel primer año, los amigos de Jordi venían a casa a menudo y me regalaban días memorables. Solían venir en grupos de tres o cuatro, sus amigos de toda la vida. Lo mejor para mí era cuando compartían sus recuerdos más preciados, aquellos que guardaban de manera muy especial, cuando me explicaban alguna historia de Jordi totalmente desconocida para mí, como

una parte de él que yo no conocía. Me hacían llorar y sentirme cerca de
él, como si el amor de los que lo querían me llegase a mí. No eran visi-
tas llenas de tópicos ni hechas desde las formas porque «es lo que hay
que hacer». Reconozco que antes yo misma habría pensado que era
horrible recordar cosas dolorosas, como verter sal sobre una herida.
Pero hoy sé que no es así. Todavía hoy, pasados tantos años, cuando
me visitan por su cumpleaños es como un tesoro muy preciado que
agradezco. Y el dolor que siento al ver que van creciendo y que todavía
lo recuerdan siempre se mezcla con sentimientos de amor y gratitud.

En *Una pena en observación*, un breve y maravilloso libro auto-
biográfico de C. S. Lewis,[8] el autor describe la experiencia de la
pérdida de su mujer y afirma que tal vez deberíamos poner juntas
en un mismo recinto a las personas en duelo para que no molesten. Son un estorbo porque la gente no sabe cómo reaccionar ante
su dolor. De ahí viene esa idea de que hay que llevar el duelo en
la intimidad. Es cierto que muchas veces la persona en duelo pide
y necesita estar en soledad con su dolor, y que la introspección y
el aislamiento son elementos necesarios en el proceso de recuperación. Pero también es una gran verdad que los seres humanos
necesitamos a los demás para aliviar el sufrimiento y darle sentido. El duelo es una vivencia relacional.

Según los estudios sobre el duelo,[9] quienes realizan bien el proceso, quienes se recuperan mejor son aquellos que tienen a otras
personas con las que compartir, a los que los amigos y la familia
no abandonan a pesar del tiempo. Los que nadie «da el alta» antes
de tiempo. Personas a las que no les da miedo escuchar, que no
tienen prisa, que no te interrumpen, que no se asustan de tus
emociones... Si tienes una persona así a tu lado o cerca, no dudes
en pedirle ayuda. Poder disponer de un tiempo para compartir tus
sentimientos, sean los que sean, de un espacio de escucha sensi-

ble, es absolutamente indispensable cuando estás de duelo. Las personas que no tienen a nadie con quien hablar sobre lo que están viviendo, de sus preocupaciones, fantasías, miedos o ansiedades, son las que tienen más posibilidades de desarrollar un duelo complicado que puede acabar en una depresión.

Sabemos también que los padres y las madres en duelo por la pérdida de un hijo están mejor cuando hablan de lo ocurrido y no intentan hacerse los fuertes entre ellos. Paradójicamente, los intentos de proteger a la pareja, disimulando el dolor y evitando todo lo que hace referencia a la pérdida no hacen más que alargar e intensificar los síntomas del duelo de los dos.[10]

Creí que mi quehacer desde el momento en que nuestra hija falleció era atender a mi mujer. Ahora después de cuatro años me ha pillado por sorpresa como un grito interior «no he podido llorar la muerte de mi hija» lo que ha hecho que me derrumbara. No puedo responsabilizarla a ella, sino a que no he sabido gestionar los hechos para que no nos hicieran daño ni a ella ni a mí. El duelo que no he vivido ahora me pesa y sé que debo hacer algo. Y si hay un responsable, he sido yo por mi forma de ser y por no comunicarme ni lo suficiente ni como debiera haberlo hecho.

Los seres humanos somos los seres vivos que establecemos los vínculos sociales más complejos que tenemos más capacidad para sentir emociones y que podemos expresar el dolor de manera más sofisticada cuando esos vínculos se ven amenazados o se rompen. Estas habilidades han sobrevivido a lo largo de la evolución de nuestra especie y, sin ninguna duda, tienen una función adaptativa de supervivencia. La dimensión relacional del duelo, expresada en la necesidad de compartirlo, es tan o más importante que la dimensión subjetiva. Somos seres sociales: necesitamos amor, afecto, consuelo, reconocimiento y aceptación de los otros para poder crecer, madurar y vivir con plenitud. El hecho de no reconocer y no saber expresar nuestra aflicción natural ante las pérdidas y los traumas de la vida se convierte en una especie de acto contra natura, una negación de aquello más intrínsecamente humano, y no solo perdemos la oportunidad de tener las necesidades afectivas cubiertas, sino que además herimos los sentimientos de los demás. Es evidente que no podemos forzar a nadie a expresar aquello que no puede, y que las personas necesitan un tiempo para poder compartir. Cuanto más traumáticas son las experiencias, más tiempo de digestión requieren. Con el tiempo, sin embargo, integrar la vivencia del duelo pasa necesariamente por verbalizarla y compartirla con los demás.

El duelo es una herida provocada por la falta de relación, que solo se puede curar dentro de otras relaciones.

Capítulo 4
CUIDAR DE UNO MISMO: MOMENTOS INICIALES

Tienes por delante un viaje importante: imagina que vas a hacer una excursión hasta la cima de una montaña. Es la primera vez que subes y no sabes muy bien qué te encontrarás. Tampoco sabes qué tiempo hará, ya que las previsiones son completamente inciertas y debes ir preparado. Es posible que tengas que entrenarte previamente durante un tiempo, además de disponer del material adecuado para las diferentes situaciones a las que podrías enfrentarte. Habrá retos físicos y emocionales, y probablemente también materiales. Y has de hacerles frente a tu ritmo, poco a poco. También sabes que en algún momento tendrás que parar y descansar, y que puedes concederte unos días de permiso a mitad de camino para recuperar fuerzas.

Es importante mantenerte sano, aunque una parte de ti, probablemente, sienta que quieres morirte. Vivir la ausencia de un ser querido es una experiencia que puede dejarte exhausto: pierdes la vitalidad, la energía, la alegría. ¡Es devastador! Y si no te cuidas, añadirás un problema a tu duelo.

Cuando pensamos en la idea de cuidarse, nos ayuda distinguir las cuatro dimensiones de la experiencia: la física, la emocional-relacional, la cognitiva-mental y la espiritual.

Casi siempre pregunto a las personas a las que acompaño: «¿Cómo te estás cuidando en cada uno de estos niveles? ¿Qué haces que pueda dañar o mejorar estas áreas de tu vida ahora mismo?».

Normalmente, recomendamos que cada persona haga al menos una cosa para cuidar cada nivel, tener una muleta para cada área, por pequeña que sea. Cuando estamos de duelo, tenemos que hacer algo por nuestro cuerpo físico, por nuestra dimensión emocional-relacional, por la parte mental-intelectual y por nuestra vida interior, espiritual o transpersonal.

A continuación describiremos estas dimensiones con ejemplos de prácticas que te pueden ayudar en los primeros momentos del duelo. Puedes añadir ideas. Este capítulo de recomendaciones está pensado para las personas que se encuentran al principio del camino. En el capítulo 7 daremos más consejos para fases más avanzadas del duelo. Los que te presento a continuación sirven incluso para personas que han sufrido la pérdida recientemente.

LA DIMENSIÓN FÍSICA

En estos momentos iniciales, la parte más afectada es la física, corporal y somática. Es como si te acabasen de dar un golpe fuerte y todavía no te has dado cuenta, pero te encuentras como anonadado. Posiblemente, te sientes agotado, con ganas de abandonarte, te duele todo, las articulaciones te crujen o notas una sensación pesada cuando caminas. No tienes ganas de comer o tienes demasiadas. Desearías claudicar de todo y no cuidar tu imagen. No descansas, tienes insomnio, tal vez sientes una agitación constante y no paras de realizar actividades. O todo lo contrario: no haces nada; sencillamente, te pasarías la mayor parte del día en el sofá o en la cama. ¡Es como si no controlases tu cuerpo! Y no sabes por qué: hay días que tienes energía y te sientes valiente, y otros te supone un gran esfuerzo levantarte de la cama. Tu cuerpo te dice cosas que no sabes interpretar y, sobre todo, gestionar.

Estás en medio de la tempestad, y más que preocuparte del

rumbo que tomará el barco, lo fundamental es que aguantes el embate de las olas. Por eso necesitas resistencia física. Recuerda que el cuerpo es la casa de tus emociones, de tus pensamientos, lo que gobierna tus actos. Si el cuerpo no funciona, todo lo demás falla. Cuidar el cuerpo es una tarea prioritaria cuando afrontamos pérdidas, crisis o cambios importantes en nuestra vida.

Los síntomas iniciales de duelo, especialmente si la pérdida ha sido traumática, te llevan a alejarte de tu cuerpo, como en un intento de no estar presente, de distanciarte del dolor que sientes. Todo lo que te sirva para anclarte físicamente: cuidar de tu salud, comer, descansar, hacer ejercicio, cuidar tu imagen, te ayudará en estos primeros momentos y facilitará que puedas autorregularte mejor.

Por eso, todo lo que tiene que ver con el cuerpo resulta esencial en esta etapa. A continuación te propongo unas ideas.

Desacelera tu ritmo

La primera recomendación es que bajes el ritmo. Ya no hay prisa. Ir poco a poco te ayudará a no desconectarte de ti mismo, a mantener la conciencia arraigada en tu cuerpo. Para poder bajar el ritmo, primero es necesario que desaceleres la respiración. Tómate un momento cada día para tomar conciencia de tu respiración. En cualquier momento, y en especial si te sientes agitado, para un minuto y presta atención. Respira lentamente; nota cómo coge aire tu cuerpo y expúlsalo muy poco a poco. Si lo repites unos minutos cada día, observarás que los latidos de tu corazón también bajan el ritmo. Es posible que en un primer momento ocurra todo lo contrario, pero si llegas a tres minutos notarás la diferencia. Haz la prueba.

Dedica un tiempo a descansar en medio de los compromisos.

Organízate para tener tiempo y poder hacerlo todo con más calma. Ir con prisas es una manera de no vivir la realidad del momento presente: hablar deprisa, llenarse de tareas, estar estresado permanentemente. No tener tiempo para los amigos, para uno mismo, para la intimidad y los recuerdos... Tenemos que aprender a bajar el ritmo y a estar más presentes en cada momento. El duelo puede ayudarnos a descubrir las cosas sencillas de la vida, las que llenan de sentido el día a día, pero para eso tenemos que estar atentos.

No quieras ir deprisa en el duelo, el único lugar al que tienes que llegar es a ti mismo.

Programa tu agenda con tiempo para ti mismo y para los tuyos

Y también para vivir tu duelo. Es posible que tengas que dejar de hacer cosas que hacías antes, al menos durante una temporada. Es como estar convaleciente; se necesita un período para cuidarse. Ten en cuenta que disponer ahora de momentos libres para ti es tan imprescindible como comer, respirar o asistir a una reunión de trabajo. De hecho, puedes considerar que ese es el tiempo que dedicas cada semana a reunirte contigo mismo.

En estos momentos de tu duelo, seguramente te será de ayuda programar qué es lo que vas a hacer cada día. Piensa si te va bien algún tipo de horario: la rutina te aportará estructura. Tienes que programar momentos de descanso, de distracción y para estar contigo mismo en tu duelo, así como para tus seres queridos y tus amigos.

No seas estricto; si no te ves con ánimos, puedes prescindir de esa programación. A muchas personas les ayuda saber qué tienen que hacer al día siguiente. Resulta especialmente necesario cuando llegan los fines de semana. Es cierto que hay que dejar espacio para la improvisación, pero cuando uno se encuentra en los momentos iniciales, en que resulta difícil prever cómo te sentirás en cada momento, tener una especie de guía puede ser muy útil.

Asistir a terapia me ha ayudado a organizar mi tiempo de manera que esté más disponible para mis otros hijos. Ahora, con todo lo que hablamos en las sesiones, veo que tengo que parcelar mi dolor y colocarlo en compartimentos para que no afecte a la relación con mis hijos y con mi marido. Me ha ayudado mucho incluir en la agenda el tiempo que dedico a mi hijo mayor, a mi duelo: las visitas semanales al cementerio; la terapia, en la que puedo hablar de él y de mí; el breve lapso que le dedico cada día cuando me voy a la cama... El resto del tiempo lo tengo más libre y con más control sobre mis emociones. Aunque todavía me desbordo a veces, me va mucho mejor así.

Estructura el tiempo con tanta antelación como puedas: organízate el día, cómo te cuidarás y cómo cuidarás a los que te rodean.

Practica ejercicio con frecuencia

Seguramente, sabes distinguir entre estar agotado y estar desanimado. Podemos estar cansados después de realizar un esfuerzo físico intenso, pero ese cansancio va acompañado de un estado anímico positivo. Practicar algún tipo de ejercicio con frecuencia te ayudará a dormir mejor, a mantener las articulaciones en movimiento y a regular tu estado de ánimo.

El antidepresivo natural más importante de que dispone el ser humano es el deporte. Hacer ejercicio incrementa las endorfinas y el nivel de serotonina, con la consiguiente sensación de bienestar, además de que ayuda a dormir y aporta energía. Es un antídoto contra la depresión.

Caminar es una buena manera de estar en forma: hay muchas personas en duelo que se encuentran para caminar juntas regularmente. Además, la exposición al sol también resulta beneficiosa, como se ha demostrado para los síntomas de la depresión. En estos momentos es muy recomendable el contacto con el exterior; la naturaleza, de una manera sutil, nos ayuda a percibir los ciclos de la vida, nos conecta con el universo y con el sentido de trascendencia. Las personas que tienen perro están de suerte: la mascota las obliga a salir todos los días.

Bernard Ollivier −periodista y escritor francés− perdió a su mujer cuando esta tenía cincuenta y un años. Después de considerar muy seriamente la posibilidad de quitarse la vida, decidió emprender el camino de Santiago para reflexionar y decidir qué sentido podía darle a lo ocurrido. La experiencia fue tan transformadora que decidió vivir y dedicarse a caminar... y a escribir sobre su experiencia.

«La mejor manera de conocer el mundo es caminando, los mejores museos de un país son sus caminos y las personas que los utilizan...» Con los derechos de autor de las publicaciones sobre sus viajes por el mundo ha fundado una asociación para la reinserción de adolescentes con problemas graves a través de las caminatas.[11]

Cuando hagas ejercicio, procura que incluya movimientos de brazos y de los músculos pectorales: la tristeza hace que tiendan a contraerse. Una buena manera de combatir el arqueamiento de la espalda consiste en practicar natación, caminar moviendo los brazos o realizar algunos estiramientos de vez en cuando.

¡Debes tener tu cuerpo a punto para la marcha que te espera! Si ves que te cuesta, queda con alguien. A veces, hacer deporte con otra persona ayuda: cuando uno se ve invadido por la pereza, el otro sirve de contrapunto. Si tu nivel de energía es demasiado bajo incluso para caminar, hazte unos masajes suaves de vez en cuando hasta que recuperes unos mínimos de energía. Es posible que los masajes te conecten con la tristeza: no te preocupes, es natural que tu cuerpo reaccione ante el contacto físico. ¡Las personas en duelo suelen recibir muy poco contacto!

No dejes de hacer algo físico: tus emociones, tu intelecto, tus capacidades, dependen del cuerpo en el que vives. Tengas la edad que tengas, no dejes de cuidar tu cuerpo. Es posible que tus dificultades para cuidarte tengan relación con el hecho de que estás muy enfadado, o te sientes muy culpable. Puede darse el caso de que interiormente (de manera más o menos consciente) desees morir, y por eso no encuentras aliciente en practicar una actividad física: estás demasiado decaído. En ese caso, es necesario que busques ayuda. Hay muchas maneras de dejarse morir en vida por un duelo no resuelto, y no cuidar tu cuerpo es una de ellas.

Haz una buena dieta, evita las grasas

Comer sano es una buena manera de cuidar tu cuerpo. Es posible que tengas tentaciones de comer más grasas o proteínas, o pasarte a los congelados y los precocinados. Prepárate alimentos frescos; cocinar también es una buena manera de cuidarte. Busca recetas fáciles o cocina con algún amigo.

Algunas personas ganan peso durante el primer año. Comer copiosamente es una manera de combatir la ansiedad. Las digestiones pesadas requieren un extra de sangre en el estómago, lo que provoca una sensación de alivio de la angustia... ¡al menos mientras dura la digestión! Pero después viene el bajón. La digestión de los alimentos, cuando se ha vivido una experiencia estresante, cuesta más. También es necesario controlar el exceso de azúcar, que aumenta el riesgo de que surjan síntomas de ansiedad.

Otras personas pierden el apetito. Si es tu caso, sacia tu poca hambre con comida sana. La dieta mediterránea se considera muy apropiada para una buena salud mental y física. Las dietas ricas en verduras, frutas y cereales integrales incrementan los niveles de serotonina en el cerebro. Come de manera regular, con alimentos sanos y biológicos, y a ser posible preparados en casa. Estas pequeñas cosas del día a día te ayudarán a estar en el presente al tiempo que mejoran tu salud. A la larga, no comer bien aumenta la irritabilidad y resta energía.

Duerme bien

La calidad y la cantidad de sueño influyen en la química del cerebro. Dormir es necesario para el cuerpo y para la mente, es la manera natural de restaurar el equilibrio del cuerpo, y resulta especialmente vital cuando se ha vivido una situación de gran emotividad. El insomnio es un síntoma típico del duelo en sus primeras fases, y es preciso tratarlo. Existen maneras naturales de restaurar el sueño cuidando los hábitos: por ejemplo, puedes planificar un momento de relajación antes de meterte en la cama. Una infusión relajante, un baño caliente o unos minutos en silencio con una música suave también pueden ayudarte. Lo que puede dificultar todavía más el sueño es ver la tele a última hora, antes de dormir: es preciso evitar el televisor en el dormitorio, que es un espacio únicamente para dormir y relajarse. Intenta irte a la cama cada día a la misma hora. Levantarte también a la misma hora te ayudará a no perder la regularidad.

Si estas recomendaciones no funcionan, tendrás que buscar ayuda profesional. Dormir es necesario para afrontar el día a día. En ciertos casos será necesaria la ayuda médica, siempre con la previsión de que sea a corto plazo, algo transitorio.

Deja de fumar

Si fumas, lo más posible es que el duelo acentúe el hábito. Pero fumar no va a resolver tu dolor. En ocasiones, fumar es una manera de castigar el cuerpo por lo que ha ocurrido. Intenta tomar conciencia de en qué momentos sientes la necesidad de fumar y detente un poco para poder identificar cuáles son esas sensaciones incómodas que necesitas aliviar. Puede ser un buen comienzo para dejar este hábito. Podrías aprovechar lo que te ha pasado para ocuparte de tu adicción al tabaco.

Por suerte, actualmente existen diversos tratamientos muy eficaces que facilitan el proceso de deshabituación. Busca ayuda especializada.

TUS EMOCIONES Y TUS RELACIONES

Hemos hablado de la parte física del duelo. Muy ligada a esta se encuentra la parte emocional, el conjunto de sentimientos que despierta la pérdida y que están íntimamente ligados a nuestra vida relacional.

En los momentos iniciales del duelo, es posible que sientas una mezcla de emociones: tristeza, añoranza, desesperanza, ira, rabia, miedo y angustia. Todas estas emociones tienen efectos en tus relaciones: puede ocurrir que evites a ciertas personas, a otras no te atreves a acercarte, aunque te gustaría pedir ayuda... Es posible que tengas la necesidad de aislarte, y el hecho de tener que relacionarte se te hace pesado, no le encuentras sentido. Te levantas por la mañana y, tal vez, ya te sientes invadido por la tristeza. ¿Cómo vas a superar el día?

Veamos algunas cosas que te ayudarán en la dimensión emocional y social del duelo.

Haz una lista de amigos para emergencias

Piensa en las personas que saben estar contigo y con las que estás cómodo. En estos momentos no necesitas a nadie que te dé consejos ni charlas inútiles. Agradecerás rodearte de amigos tranquilos, serenos, con los que sientes que te puedes apoyar en esos momentos en que te parece que te vuelves loco, que no se asustarán por tus reacciones y que sabrán escuchar si es lo que necesitas, te harán hablar cuando lo desees y permanecerán callados cuando necesites silencio. Deja que te cuiden. Seguramente, no recordarás lo que te digan, pero sí cómo te acompañan. Reconfórtate con su presencia.

Seguramente podrás hacer una lista, mirando en tu entorno, de las personas que saben escucharte, que están disponibles para ti y a las que puedes llamar en momentos de decaimiento o preocupación. Aunque tengamos mucha gente que nos quiere, la lista de las personas que escuchan no suele ser muy larga. No todo el mundo sabe decir la palabra adecuada o mantener el silencio mientras tú expresas una emoción incómoda. De hecho, lo más normal es que en esos momentos sientas que casi nadie te entiende. Es posible que cuando redactes la lista solo se te ocurran tres o cuatro personas: es suficiente. Pídeles ayuda, si las puedes llamar en los momentos de bajón; llama cuando las necesites, no dejes que el aislamiento te domine. Tienes que aceptar el riesgo de que la persona elegida no esté disponible en ese momento; ya te llamará más tarde. La gente que te quiere estará deseosa de echarte una mano.

En ocasiones, es preciso darles instrucciones sobre lo que te ayuda y lo que no. Hay momentos en que lo único que necesitas es un hombro amigo para llorar en silencio; en otros momentos necesitarás a alguien que te anime con su alegría y sus ganas de vivir, o que te obligue a ponerte las pilas y a moverte con alguna actividad física.

Puedes tener a diferentes personas para distintos estados emocionales: ¡recurre a ellas! ¡Y elige bien! Cada amigo tiene su don y está ahí para ayudarte si tienes el valor de pedirlo. Te sorprenderá la cantidad de gente que tiene ganas de hacer algo por ti. Y también te sorprenderá que, en ocasiones, la lista de amigos de emergencia no está compuesta por las personas que habrías imaginado: descubrir nuevas amistades forma parte de las cosas buenas del duelo.

Habla de tu situación con tus compañeros de trabajo

Además de hablar sobre tu estado con la gente de tu entorno, hazlo con los compañeros de trabajo. Adviérteles de que tendrás días buenos y malos, y explícales qué te puede ayudar y qué no. Saben que has sufrido una pérdida, y si no dices nada, lo más seguro es que, por precaución, ellos tampoco te digan nada. Y eso podría hacer que te sientas mal. Habrá días en los que lo que te ayudará será que no te digan nada, y el trabajo será una distracción momentánea. Otros días, en cambio, no podrás concentrarte, y tener a mano a alguien que te escuche y sea sensible a tu estado te ayudará a sentirte mejor.

El primer día de trabajo después de la pérdida suele ser especialmente duro. Pide a alguien de confianza que te espere en la puerta; te ayudará entrar con compañía.

LA DIMENSIÓN COGNITIVA-MENTAL

Las crisis también nos afectan mentalmente: podemos estar confusos durante un tiempo, sentirnos incapaces de leer o de seguir un curso de reciclaje en el trabajo. Es posible que al principio te cueste incluso leer la prensa. La confusión y la sensación de perder la cabeza son normales. Algunos adolescentes pierden el curso escolar: el hecho de estar superados por las emociones impide que sean capaces de pensar y concentrarse. Sin embargo, otras personas jóvenes o adultas encuentran un refugio en actividades intelectuales en momentos de pérdidas importantes. No todo el mundo responde de la misma manera.

Cuidar el nivel intelectual significa *no exigirse demasiado*. No te estás volviendo loco ni perderás la cabeza; solo es posible que durante un tiempo tus capacidades intelectuales se vean mermadas, puesto que tu cerebro estará ocupado (o, mejor dicho, secuestrado) por la parte emocional. Es importante no preocuparse ni exigirse. Para el adolescente no es un curso perdido: ganará en sabiduría, aprenderá a utilizar sus emociones y muchas cosas de la vida que le servirán tanto o más que las enseñanzas académicas. Ganará en madurez.

Evita todo lo que contamine tu mente

Rodéate de personas, cosas, espacios, sonidos que sientas beneficiosos para ti. Evita contaminar tu mente con imágenes, experiencias o ruidos que te hagan daño. Del mismo modo que somos lo que comemos, también pensamos en función del modo en que alimentamos nuestra mente. Evita todo lo relacionado con la violencia, el negativismo y las estridencias. Ahora más que nunca necesitas estar en contacto contigo mismo y en un entorno de sensibilidad, cuidados y respeto.

Cuida tu mente como cuidarías tu cuerpo o tu piel: es un órgano más que debes alimentar de manera adecuada.

Redacta una lista de objetivos a corto plazo

Al principio de tu proceso de duelo debes vivir el presente y mantener una mirada a corto plazo. No preocuparte del futuro y vivir únicamente el día a día son cosas que todos podemos hacer, y los objetivos sencillos y asequibles te ayudarán a poner estructura. Por ejemplo, levantarte por la mañana y hacer algo de ejercicio. Dedicar una parte del día a cuidar tu cuerpo. Quedar con un amigo. Atender a la familia. Puedes proponerte hacer unas semanas de dieta o escribir un diario con los pensamientos que se te vayan ocurriendo. Otros objetivos que puedes marcarte son los relacionados con el esfuerzo por mantener una actitud positiva: por ejemplo, pensar cada día en algo bueno que tienes de todo lo que te rodea.

No tomes decisiones importantes

La dimensión mental incluye, además, los aspectos materiales y económicos que la vivencia del duelo puede plantear: tal vez sientas que has perdido el interés por controlar tu economía, o te plantees decisiones arriesgadas, como vender la casa donde tuvo lugar la muerte; dejar el trabajo que no te gusta y no te ves con ánimos de desempeñar; cambiar de lugar de residencia para alejarte de un entorno que te molesta o, quizá, si has perdido a un hijo, divorciarte. Todas estas decisiones deben tomarse con mucha calma, ya que tendrán consecuencias radicales para tu vida.

Hemos visto cometer muchos errores a personas en su primer año de duelo. De hecho, a aquellos a los que acompañamos les recomendamos encarecidamente que no tomen decisiones importantes, sobre todo en los primeros dieciocho meses. Se pueden meditar profundamente e incluso trabajar en la dirección deseada, pero no llevarlas a cabo hasta haber superado la etapa de emociones intensas. Cuando estamos inmersos en emociones difíciles, somos incapaces de valorar adecuadamente los elementos necesarios para tomar una decisión importante.

Puedes posponer la decisión. Es importante que decisiones como vender la casa, dejar el trabajo o cambiar de lugar de residencia sean la consecuencia de un duelo resuelto, de un crecimiento personal, y no una huida emocional. Espera, no tengas prisa. No estás en condiciones de pensar con claridad.

Algunas parejas que pierden a un hijo deciden separarse a consecuencia de esa terrible pérdida. La separación puede ser adecuada o no, depende de si es la consecuencia de un duelo integrado o de una desintegración. Si la pérdida ha ayudado a los padres a descubrir que su relación es insatisfactoria, que crecerán más por separado y que en honor a su hijo toman esa decisión meditada, desde el amor y el respeto mutuo, puede tratarse de una decisión consecuencia de un duelo integrado. Pero si se trata de una huida con reproches y malos entendidos, sin gratitud ni reconocimiento de lo vivido, una consecuencia del desplazamiento de emociones de un duelo no resuelto, con rabia o culpa entrecruzados, quizá será una decisión consecuencia del duelo no elaborado y que, con ayuda adecuada, podría haberse evitado. Si este es vuestro caso, es muy importante que pidáis ayuda especializada: vuestros hijos, los presentes, los ausentes y los posibles futuros, se lo merecen... ¡y vosotros también! Buscad a un experto en duelo que os ayude a entender vuestra historia personal individual, como pareja y como padres que seréis siempre del hijo que ya no está. Para nosotros, los expertos en duelo, es muy triste ver parejas rotas, con rupturas violentas, a consecuencia de un duelo no resuelto, que con ayuda especializada podrían haber aprovechado la experiencia para profundizar en su relación y crecer como personas.

Los objetos de recuerdo: ¿guardarlos o tirarlos?

Cuando murió mi hija pequeña, no me permitieron estar con ella. Me hubiese gustado acariciarla por última vez y decirle tantas cosas... El médico me dijo: «No te conviene, es mejor que no la veas. Vete a casa y haz como si esto no hubiese pasado. Imagínate que no has tenido hijos y que estás comenzando tu vida de pareja. Eres joven, tendrás más hijos». Al día siguiente, cuando llegué a casa, me habían quitado todas las cosas: la ropa, la cuna, los primeros juguetes. Han pasado muchos años y he tenido más hijos, pero el recuerdo de mi pequeña siempre está conmigo.

La gente me pregunta a menudo si debemos desprendernos de las cosas o no. ¿Es bueno guardar los objetos durante muchos años? Yo siempre respondo lo mismo: el problema no es si tienes objetos o no; el problema es qué haces con ellos.

A las personas, por naturaleza, nos gusta guardar objetos significativos de los seres queridos. Los objetos tienen una función de vinculación con algún recuerdo específico, con la manera de ser de la persona a la que pertenecen o pertenecieron, con algo que le queremos agradecer o con un rasgo que la identifica, porque era una de sus aficiones, por ejemplo. Guardar objetos de recuerdo te ayudará a sentir que todavía tienes relación con aquella persona, y puedes utilizar esos objetos para expresar recuerdos, sentimientos y pensamientos. Algunas personas hablan con las fotografías o se ponen el vídeo de las últimas vacaciones de vez en cuando.

A los adolescentes les gusta conservar la ropa del hermano fallecido y la llevan con orgullo. Recuerdo a una madre que me explicaba que todavía no había cambiado la ropa de la cama. De vez en cuando se echaba y se tapaba con aquellas sábanas que habían rodeado a su hijo. Otra me decía que después de un par de años todavía sacaba la ropa de la bolsa de deporte de su hijo: «Es lo único que tengo que todavía conserva su olor».

Cuando los objetos te ayudan a sentirte conectado con la persona que has perdido y a expresar tus sentimientos de añoranza, están contribuyendo a que camines por tu duelo a buen paso. Pero si guardar los objetos es una manera de no aceptar lo ocurrido o de negar la realidad, no te ayudan a avanzar.

> María lo tenía todo tal como lo dejó su marido, hace ahora ocho años: la ropa, el mensaje del contestador, las llaves en la entrada, el coche en el garaje. No ha querido cambiar nada. Ahora deberíamos pintar la casa, pero dice que no quiere, porque para eso habría que tocar sus cosas.

¡No es necesario que ahora te apresures a desprenderte de los objetos que pertenecían a tu ser querido! Concédete un tiempo para decidir qué te gustaría guardar. No permitas que nadie realice este trabajo por ti: hacerlo tú mismo, aunque resulte doloroso, te ayudará. No te precipites. En el futuro podrías lamentar haberte desprendido de algunos de esos objetos.

Tómate el tiempo que necesites, pero lo más seguro es que,

poco a poco, vayas renunciando a algunas cosas y quedándote con otras. Recuerda que puedes regalar algunos objetos a personas que los necesiten o a amigos. Te lo agradecerán, y a tu ser querido le habría gustado mucho la idea.

Si pierdes alguno de esos objetos (por ejemplo, un anillo o unos pendientes), no te lamentes: la relación con el ser querido vivirá siempre, aunque hayas perdido ese anillo, esos pendientes o aquella fotografía... Tal vez signifique que ahora ya tienes el recuerdo tan grabado en el corazón que no necesitas el objeto. Está bien aferrarse y está bien dejar ir.

Capítulo 5
EL DUELO AGUDO Y LAS CIRCUNSTANCIAS DE LA MUERTE

Los últimos diez días en el hospital con mamá han sido un curso intensivo de trabajo personal y emocional. Las últimas palabras que compartimos fueron: «Hasta mañana, mamá. Te quiero». «Yo más», me dijo ella. A medianoche me llama mi hermano y me dice que mamá ha empeorado, que empezaban a fallarle los órganos vitales y que los médicos habían diagnosticado que en unas horas se acabaría su vida. Dicen que ya no hay actividad cerebral y que, por lo tanto, ya no nos puede ver, ni percibir nada al tacto, ni oír lo que decimos. Todos hablaban en voz alta, había mucho jaleo... Les digo a mis hermanos que no existe certeza evidente ni científica de que eso sea así y pido respeto, como si nos estuviese oyendo. Y me hacen caso.

Nos organizamos para que papá y otros familiares pudiesen venir a verla todavía con vida. Cuando mi hermano fue a buscar a papá, mi hermana y yo nos quedamos solas con mamá. Estábamos cada una a un lado de la cama. Como yo creía que mamá todavía nos oía, empecé a acariciarle los hombros y la cara, y le dije: «¡Mamá! Ya has cumplido con lo que tenías que hacer en esta vida, ahora te espera otra más fácil. Que tengas un camino ligero hasta el cielo, y márcanos el nuestro para que lleguemos a ti. Te doy las gracias por la vida que nos habéis dado papá y tú. Sin vosotros yo no estaría aquí, y por eso os estoy agradecida. Los valores que nos has transmitido, el amor y el cariño que nos has dado, los llevaremos con nosotros para siempre. Y para honrar tu vida intentaremos transmitírselos a nuestros hijos y nietos con el mismo cariño con que tú lo has hecho».

Sentí que acababa de decir algo importante y lo anoté en una hoja de papel. Después se lo di a mi hermana y le dije:

«Toma, si quieres díselo tú también». Y ella me respondió: «En voz alta no, que me pondré a llorar». Yo sonreí. «Si no se lo dices en voz alta, no te oirá.» Y entonces tomó el papel y comenzó a leer: «¡Mamá! Ya has cumplido...». Mientras leía, yo seguí acariciando a mamá muy suavemente y le dije al oído:

«Que tengas un buen camino. Y no tengas miedo. Te quiero».

Cuando mi hermana acabó de leer el escrito, mamá empezó a respirar más lentamente, cada vez más, y en un minuto dejó de respirar. Se le transformó la cara, era toda paz y tranquilidad. Mi hermana y yo nos miramos, y le dije: «Le hemos dado permiso para que se vaya». Continuamos a su lado, acariciándola, sorprendidas por lo que acabábamos de vivir: «La despedida de una vida».

Unos minutos después le dimos un beso y avisamos al médico.

Me dices: ¿Puedes darme una idea de cuál es ese terrible mal que te ha causado tantas irregularidades y una devastación tan profunda en tu vida? *Sí. Te puedo dar más que una idea. Este «mal» es el peor que un hombre pueda soportar. Hace seis años, una esposa, a la que quería como ningún hombre ha querido jamás, sufrió una embolia mientras cantaba. No había esperanza de que sobreviviera. Me despedí de ella para siempre y pasé por todas las agonías de su muerte. Se recuperó parcialmente y recuperé la esperanza. Al final del año tuvo una embolia de nuevo. Volví a pasar por la misma escena. De nuevo un año después. Luego otra vez, otra, otra y otra de nuevo en distintos intervalos. Cada vez sentía las agonías de su muerte y en cada episodio de su enfermedad yo sentía que la amaba más amorosamente y me aferraba a su vida con la más pertinaz de las desesperaciones. Pero constitucionalmente soy de naturaleza sensible, nervioso en un grado inusual. Me volví loco, con largos intervalos de horrible cordura. Durante estos episodios de absoluta inconsciencia bebía, solo Dios sabe cuánto y cuán a menudo. De hecho, mis enemigos refieren mi locura a la bebida y no la bebida a la locura. Ya había casi abandonado cualquier esperanza de cura permanente cuando la encontré en la muerte de mi esposa. Esto lo puedo afrontar como le toca a todo hombre. Era la inacabable y horrible oscilación entre la esperanza y la desesperanza lo que no podía soportar sin perder totalmente mi razón. En la muerte de la que era mi vida, entonces, recibí una nueva pero ¡oh, Dios! qué melancólica existencia.*

EDGAR ALLAN POE[12]

Cómo ha sido la muerte del ser querido y los momentos anteriores e inmediatamente posteriores a la muerte van a determinar si tu duelo es más o menos traumático, como puedes bien ver en los dos testimonios que te presento. Hay muertes dulces, para las que uno ha tenido tiempo de prepararse: si has podido estar presente hasta el final, si has podido hablar y compartir tus sentimientos, e incluso si has pasado por la experiencia de poder despedirte, entonces eres afortunado, has vivido el regalo de una *muerte anticipada*. Puedes hablar de ello sin pesar, y recordar los detalles de aquellos momentos, aunque provocan dolor, es bonito. Te gusta compartirlo con los que te rodean. Las muertes anticipadas son más fáciles de vivir y provocan menos respuestas de choque.

En ocasiones, la muerte se debe a una enfermedad, pero por miedo a hacer daño o por vergüenza a expresar sentimientos, sumados a los de las personas que te rodean, hay un cierto grado de negación, el deseo de disimular, de fingir que no pasa nada. En otras, como la descrita de forma tan dramática por Edgar Allan Poe ha habido mucho sufrimiento, el vaivén entre la esperanza y la desesperanza acaba consumiendo las fuerzas de los cuidadores. Asimismo, cuando la muerte ha sido súbita, totalmente inesperada y no hemos podido despedirnos, dar un último abrazo o decir unas últimas palabras al oído, en todos estos casos van a tener lugar más sentimientos de choque, y recordar aquellos días o esos momentos puede resultar muy doloroso.

NOTAS DEL TERAPEUTA

¿Qué hace que una muerte sea traumática?

¿Cómo sabes si la muerte de tu ser querido ha sido traumática? Mira estos factores. Si cumples alguno de ellos estás viviendo una pérdida con elementos de trauma. Cuantos más factores tengas, más intenso será el estado de choque:

- SORPRESA: La muerte no ha sido anticipada, no te has podido preparar.
- IMPOTENCIA: No has podido hacer nada, no has tenido capacidad de respuesta.
- INCOMPRENSIÓN: Te falta información sobre lo que ha sucedido. No puedes entender las razones de la muerte.
- RAPIDEZ: No has tenido tiempo para poder asimilar lo sucedido, todo ha sido muy rápido.
- SOLEDAD EN EL MOMENTO: No has tenido el apoyo de nadie en ese momento.
- SOLEDAD POSTERIOR: No has tenido a nadie con quién poder compartir lo sucedido.

Si la muerte es repentina, ya sea por un accidente o por una enfermedad corta y fulminante, *el trauma es mucho más intenso*. No hay preparación posible; te encuentras con esa realidad de golpe, como si te obligasen a tragarte una pastilla enorme sin agua, sin poder disolverla ni partirla. El nudo en la garganta es similar. ¡Quedan tantas cosas que desearías haber dicho o hecho con esa persona! Y todo eso lo guardas en un rincón de tu corazón, muy escondido, porque si lo abres te hace daño.

EL DUELO AGUDO Y LAS RESPUESTAS DE TRAUMA-CHOQUE

Mi marido ha muerto. Me llamaron de su empresa para decírmelo. Bueno, lo que me dijeron es que ha desaparecido. Era pescador. No sabemos qué pasó. Parece que hubo una fuerte tormenta. No han encontrado su cuerpo y nadie lo vio caer al mar. No sé qué pensar. Solo le doy vueltas y más vueltas. Dudo si todo esto es real. A veces pienso que volverá de un momento a otro, que a lo mejor está vivo en algún lado y que no se puede comunicar con nosotros. Han pasado tres meses y no consigo seguir adelante. Me despierto por las noches, sudorosa y angustiada. Me pregunto cómo es que nadie lo vio. ¿Habrían podido salvarlo? Cuando me lo dijeron por teléfono, me mareé. Después salí de casa gritando y los vecinos tuvieron que sujetarme. Vino el médico y me dio unas pastillas. Por las mañanas no puedo levantarme, es como si el cuerpo me pesase una tonelada. Y por la noche no dejo de pensar. Lo que más me atormenta es si sufrió o no. ¿Tardó mucho en morir? ¿Qué pensó en aquel momento? ¡Me hubiese gustado decirle tantas cosas! Estos son los pensamientos que más daño me hacen, los que parece que no puedo parar.

Todos recordamos alguna ocasión en la vida en que hemos experimentado un estado de choque. Una mala noticia inesperada siempre despierta sensaciones de irrealidad, de confusión, es como estar en una nube. En la vida ocurren hechos que producen un gran impacto y otros que no. Podéis pensar en alguna pérdida anticipada que os haya provocado malestar, tristeza, ira, pero no choque. Son pérdidas que no tienen elementos traumáticos.

Si, en cambio, la experiencia de pérdida es repentina, resulta natural que te sientas desconectado, aturdido, con dificultades para asimilar la realidad. Es posible que haga poco tiempo que te han dado la noticia y te invaden las sensaciones de confusión, de no poder creer lo que ha ocurrido. Puede que te encuentres preso del dolor y la tristeza, pero también es posible que te sientas como anestesiado, aturdido, distanciado de tu propio cuerpo. Los sentimientos de irrealidad hacen que funciones como un autómata. Este conjunto de sensaciones que describiré a continuación parece muy caótico y puede durar algunos días, semanas o incluso uno o dos meses. A esta primera etapa del duelo la llamamos «Duelo Agudo». Si la muerte ha sido muy traumática, las sensaciones resultan mucho más intensas.

NOTAS DEL TERAPEUTA

Sintomatología típica del estado de choque:
Duelo Agudo

- **Físicas**

  Opresión en el pecho, agitación corporal, tensión en la espalda, sensación de armadura corporal, nudo en la garganta, mareos, sensación de embotamiento.

- **Emocionales**

  Vaivén emocional entre desconexión y conexión: sensación de irrealidad, anestesia y momentos de alta intensidad y desbordamiento. Miedo, angustia, desazón.

- **Cognitivas**

  Pensamientos obsesivos, descreimiento, pérdida puntual de contacto con la realidad, confusión, falta de concentración, falta de atención.
- **Comportamentales**

  Parálisis o hiperactividad; abatimiento o agitación, falta de apetito.

CONFUSIÓN Y DESCREIMIENTO

Siento la cabeza embotada, y llevo todo el día con el cuerpo tenso, oprimido. Es como si llevase una armadura encima. No puedo llorar. Mi mujer y mi hija se pasan el día llorando. Desearía llorar, pero no puedo. Solo le doy vueltas... Tendría que haberme dado cuenta de que mi hijo no estaba bien. ¿Qué podría haber hecho? Cayó fulminado mientras practicaba deporte con un amigo. Solo tenía diecinueve años. Un ataque al corazón, dicen. Cuando llegó la ambulancia ya no pudieron hacer nada. ¿Cómo es posible? No lo puedo creer. Es como si le hubiese pasado a otra persona. Estoy confuso y no me puedo concentrar en nada. En el trabajo pierdo el hilo, tienen que explicarme las cosas varias veces. Tampoco puedo dormir.

Para muchas personas (no para todas), el choque funciona como un anestésico que las distancia de la realidad. De alguna manera, es como si el cerebro tuviese un amortiguador entre la parte cognitiva y la emocional: sabes que lo que ha ocurrido es real, pero tu cuerpo, tus emociones, todavía no pueden responderte plenamente. Es como si el estado de choque tuviese un efecto retardador y, por tanto, dosificador.

Me siento como en una nube, todo me parece irreal. Pienso que de un momento a otro me despertaré y que todo habrá sido un sueño. Hago lo que me toca hacer, incluso diría que bastante bien... Es como si no fuese conmigo, como si una parte de mí estuviese fuera de aquí, como si todo esto le estuviese pasando a otra persona a la que, no sé muy bien cómo, mantengo a distancia.

Es importante no asustarse ante esas reacciones; en definitiva, son naturales y hasta diríamos que necesarias. Esa confusión es normal y tiene una función anestésica; la irrealidad nos da tiempo y una cierta serenidad con el fin de poder hacer lo que toca inmediatamente después de la defunción: mantener la energía necesaria para ocuparse de la familia, avisar a los familiares cercanos y lejanos, cuidar de los niños —que necesitan atención—, organizar el funeral, atender a las visitas, ocuparse de los aspectos legales y de la organización en general. El estado de choque parece una defensa en momentos de estrés muy intenso.

Muchas personas explican que les parece que estaban mejor durante los primeros días que al cabo de unos meses. Esa reacción es normal y guarda relación con esa función protectora del estado de choque.

MIEDO, ANGUSTIA Y PÁNICO

Para otras personas, el choque y el descreimiento van acompañados de muchas respuestas somáticas, como temblores, agitación o miedo. Esas respuestas resultan especialmente evidentes en los primeros momentos o en las primeras semanas. Hay quien sufre desmayos, mareos y sensación de descontrol. A pesar de lo incómodas que resultan esas reacciones, recuerda que el cuerpo necesita liberar energía traumática, y esa es la manera que tiene de hacerlo. El cuerpo es sabio y necesita su tiempo.

También tus pensamientos parecen desorganizados: en un momento tienes ante ti la realidad de la muerte y en otro parece que la persona está a punto de entrar por la puerta, o que esa llamada de teléfono es suya. Cuando escuchas la llave en la cerradura, imaginas que vuelve y que todo ha sido una pesadilla.

Confía en que tu cuerpo responde de la mejor manera posible. Llevamos miles de años de selección natural que nos han especializado en responder a situaciones traumáticas. Las respuestas de choque, y todas las del duelo en general, son adaptativas, estrategias que los mamíferos hemos desarrollado para sobrevivir. Escucha esas reacciones y acéptalas como parte natural del proceso. No intentes entenderlas ni interpretarlas; solo tienes que vivirlas.

En general, poner nombres nos ayuda. Dado que son sentimientos que aparecen de repente, y de manera caótica, resultan menos impactantes si nos paramos a observarlos y los nombramos. Por ejemplo:

«Ahora estoy muy agitada; mira, el corazón me va a cien por hora. Me parece que me estoy mareando. He perdido una cosa y no recuerdo dónde la he dejado. Es normal lo que me está pasando».

NO TE ESTÁS VOLVIENDO LOCO

¿Te estás volviendo loco? Lo parece, ¿verdad? Tu mente no funciona como de costumbre: posiblemente, no recuerdas las cosas que te dicen, pierdes objetos, estás agitado, o inquieto, o confuso. Incluso es posible que te pierdas por la calle, o que no recuerdes si has hecho algo que tenías que hacer. No puedes concentrarte, ni leer ni escuchar las noticias. Para algunas personas, el choque se manifiesta en un no estarse quietas, en un estado permanente de agitación. En esos primeros momentos, semanas o incluso meses, te sientes muy frágil y vulnerable. Tienes altibajos que parecen fuera de tu control, la sensación de estar volviéndote loco, no te reconoces... Y lo que te pasa no parece normal.

Pero todo lo que estás viviendo lo es: es lo que llamamos *desrealización* (desconectarte del entorno) y *despersonalización* (desconectarte de ti mismo), y se relaciona con la manera que tiene el cuerpo de gestionar la sintomatología traumática en esta primera etapa del duelo o Agudo. Concédete permiso para estar así. Será poco tiempo. Es como si le hubiesen dado un golpe a tu cerebro y todavía estuviese inflamado. Las sensaciones y las respuestas físicas son los efectos de la inflamación. Verás que los circuitos neuronales vuelven a equilibrarse poco a poco, y recuperarás la capacidad de recordar las cosas, de escuchar y concentrarte. No tengas prisa.

Encontrarse en estado de choque no es estar loco ni enfermo. El aturdimiento y la confusión forman parte de tu vivencia de la pérdida, y hay que aceptarlo como algo natural, por muy antinatural que te parezca.

Podría darse el caso de que te encuentres con personas de tu entorno, ya sean profesionales de la medicina y la psicología, o familiares y amigos, que interpreten esa sintomatología como patológica. Todavía existen personas que hablan de reacciones histéricas, patología o enfermedad, y te dirán que es preciso suprimir esas respuestas inmediatamente. En definitiva, ¡que te controles! Pero eso es imposible y no está claro que sirva de ayuda. Lo que dicen los expertos en traumas, y mi experiencia lo confirma, es que todo lo que no se puede expresar en esos momentos iniciales queda embotellado en el cuerpo y es lo que más adelante puede acarrear problemas graves.

ATENCIÓN A LOS SÍNTOMAS DE ESTRÉS POSTRAUMÁTICO

Sin embargo, si la sintomatología traumática característica de esta primera etapa de duelo que hemos descrito hasta ahora no remite en unas semanas en su intensidad y la afectación en tu día a día, deberás pedir ayuda. Estos síntomas pueden cronificarse en el tiempo y dar lugar al Sindrome de Estrés Postraumático (SEPT) que puede complicar tu duelo. Un buen terapeuta experto en la intersección entre el duelo y el trauma te ayudará por una parte a autorregularte mediante recursos que calmen esos síntomas y, además, en paralelo, a abordar aquellos aspectos de la circunstancia de la muerte que son más perturbadores para ti. Este trabajo te permitirá ganar la estabilidad necesaria para poder recuperar tu funcionamiento diario, el cuidado de ti mismo, el de tu familia y abordar los aspectos relacionales de tu duelo.

Si con el paso de tiempo, más allá del mes después de la muerte de tu ser querido, sigues experimentando algunas de estas respuestas que detallo aquí, no lo dudes: pide ayuda de inmediato.

- Estoy nervioso y me sobresalto fácilmente.
- A veces me siento embotado y otras me desbordo como si fuera a descontrolarme.
- Tengo reacciones físicas como temblores, movimientos involuntarios, agitación, sudor, o taquicardias.
- A veces me inundan pensamientos y sentimientos incontrolados que hacen que me sienta confuso y aturdido.
- Muy a menudo me cuesta prestar atención y concentrarme en las cosas del día a día.
- Cuando recuerdo las circunstancias de la muerte es como si lo estuviera reviviendo.

- Aún tengo la sensación de que lo que ha sucedido no es real.
- En algunos momentos, como por ejemplo antes de dormirme, me asaltan recuerdos difíciles de lo sucedido.

NOTAS DEL TERAPEUTA
Técnicas de arraigo y relajación

En la etapa de Duelo Agudo-estado de choque se recomienda que las intervenciones tengan como objetivo rebajar la activación desbordante que suscitan las reacciones de estrés agudo. Para ello, se aconseja entrenar con estrategias de anclaje en el aquí y ahora que facilitan el poder estar en el momento presente. No estar arraigado significa que el pasado, los recuerdos traumáticos, aparecen en forma de intrusiones que desregulan a la persona.

Las técnicas de arraigo y relajación tienen efectos positivos en la salud, como reducir los síntomas de ansiedad, rebajar el dolor de cabeza y la presión arterial, reducir los síntomas de insomnio, prevenir la hiperventilación, proveer un control preventivo de los ataques de pánico y reducir el nivel de estrés.

Veamos algunos ejemplos:

- Estirar el tiempo: practica la lentitud.
- Evitar estímulos o detonadores.
- Caminar.
- Darse masajes.
- Darse duchas, baños.
- Aprender a respirar.
- Meditar.
- Practicar taichi, yoga u otras técnicas parecidas.
- Práctica de terapias artísticas creativas: música, arte, escritura narrativa.

- Visualizaciones guiadas.
- Técnicas de mindfulness y atención dual.
- Técnicas sensoriomotoras.

LOS PRIMEROS DÍAS, LAS PRIMERAS SEMANAS

Te tocará vivir tiempos difíciles, muy difíciles... y acabas de empezar. No tengas prisa. Vive el presente todo lo que puedas, estás empezando a caminar y te espera un largo viaje. No mires más allá de hoy, lo justo para vivir el día a día. No te hagas demasiadas preguntas. Es importante que vivas este momento adaptándolo a lo que necesitas ahora mismo. Procura que las decisiones que tengas que tomar sean las que sientes que son buenas para ti.

Algunas personas de tu entorno intentarán definir qué es lo que puede ayudarte más, y como tú estás frágil y aparentemente desvalido, tratarán de decidir por ti en asuntos importantes: si conviene o no que veas el cuerpo de tu ser querido fallecido, si te irá bien estar un tiempo a solas con él, cómo será el funeral, o bien organizar aspectos prácticos sobre tu vida durante las primeras semanas. Pero solo tú sabes qué te conviene, debes guiarte por tu intuición: no existen manuales que digan qué es lo correcto ni en los primeros días ni en las primeras semanas.

La gente te dirá:

- «Es mejor que no veas el cuerpo.»
- «Tómate algo para ir al funeral.»
- «Lo que tienes que hacer es tirar sus cosas enseguida.»
- «No vuelvas a casa, vete a casa de algún familiar.»
- «Aparta a los niños de todo esto.»
- «Vuelve al trabajo cuanto antes.»

¡Hay que estar atento! Aunque te invade el dolor, no estás incapacitado y nuestra tendencia familiar, especialmente en los países mediterráneos, resulta excesivamente protectora por instinto. Si tienes cierta edad o eres muy joven, la sobreprotección será todavía más acusada.

Los aspectos específicos de las circunstancias en que tuvo lugar el fallecimiento de nuestro ser querido y que pueden generar más sintomatología traumática son los siguientes:

- Si piensas que la muerte podía haberse evitado.
- Si crees que tu ser querido ha sufrido.
- Si te faltan detalles o información sobre cómo fue la muerte que imposibilitan su comprensión.
- Si sientes que estuviste solo, sin apoyo, en el tiempo que transcurrió alrededor de la muerte.
- Si la muerte fue traumática y la presenciaste.
- Si tu ser querido ha fallecido después de una larga enfermedad degenerativa.
- Si tu ser querido falleció después de una enfermedad larga donde alternaron muchos momentos de esperanza y muchos de desesperanza.
- Si has estado negando la gravedad de la enfermedad y la inminencia de la muerte.
- Si el hecho de haber visto o no su cuerpo después del fallecimiento te genera sufrimiento.
- Si la forma en que recibiste la noticia del fallecimiento fue inadecuada, y te causó un sufrimiento adicional.

A continuación examinaremos estos puntos en detalle. Puedes ver con qué te identificas y con qué no. Y puedes encontrar alguna pista sobre lo que te puede ayudar. Aunque ya no estamos a tiempo de cambiar el pasado, la buena noticia es que el duelo nos permite revivir la experiencia, poner conciencia a lo que nos suscita ese recuerdo traumático y verbalizar nuestros sentimientos y nuestros pensamientos acerca de lo que sucedió y lo que desearíamos que hubiera sucedido. Esto puede tener efectos reparadores. Te pondré algunos ejemplos que pueden ayudarte.

CÓMO SE HA DADO LA NOTICIA

Este es el relato de unos padres en su primer día en la consulta. Hace tres años que perdieron a su hijo y todavía se encuentran en estado de choque. Esta es la historia que explican.

A las cuatro de la madrugada suena el teléfono. Ella descuelga, medio dormida. Una voz masculina le dice: «Señora, venga al depósito a reconocer el cadáver de su hijo. Ha tenido un accidente. Le doy la dirección». «¿Cómo dice?» La voz repite la información y añade: «¿No la habían avisado? Anote la dirección, por favor. ¿Lo ha entendido, señora?». Y cuelga. La pobre mujer se levanta y despierta al marido. «¡No puede ser, lo has soñado!» «¡Te juro que no!» El marido corre hasta la habitación de su hijo; está vacía. Llaman a su móvil, la mano temblorosa: no contesta, no hay línea. Se abrazan desconsolados. «¿Qué vamos a hacer?» Suben al coche, se desorientan, la ciudad se encuentra a dos horas. Viven el terror durante ese tiempo: ¿será verdad? ¿Se habrán equivocado? ¡Es imposible! Si acababa de salir de casa. Llegan al depósito; está cerrado, no hay ni una luz. Llaman a la puerta. Después de insistir un buen rato, finalmente se abre. Es un guardia de seguridad. «Yo no sé nada, no puedo informarles de nada. No abrimos hasta las nueve. Tendrán que esperar a que llegue el personal.» «¿Esperar dónde?» «En la calle, ¿qué quiere que le diga?» La puerta se cierra. El matrimonio, desolado, nervioso, confuso, espera en la puerta. A las nueve entran y los llevan a una sala gris donde identifican el cadáver de su hijo.

Las personas que nos dedicamos al acompañamiento hablamos de los elementos traumáticos del duelo. Estos elementos están asociados a la manera en que se informa a la familia, especialmente en los casos de muerte repentina. Si se hace de manera inadecuada, como la del ejemplo, el impacto emocional es un trauma añadido, acumulativo, que se podría haber evitado si la noticia se hubiese dado de manera apropiada.

Por desgracia, este relato es real y muy reciente. No es del siglo pasado. La falta de coordinación entre las instituciones implicadas en casos de accidentes hace que, en ocasiones, las familias se enteren de la muerte a través de la prensa o de los servicios funerarios.

Aunque la noticia no altera el hecho de la pérdida, cuando se da de una manera incorrecta provoca un dolor añadido que habrá que elaborar. Si tu experiencia en este sentido ha sido negativa, durante tu proceso de duelo también tendrás que trabajar el trauma de cómo te dieron la noticia. Si un médico te informa en el pasillo de un hospital, de pie, sin prepararte y dejándote solo en cuanto te da la información, sin esperar a recoger las emociones, las preguntas, las dudas o los miedos que la noticia provoca, es posible que todavía tengas un mal recuerdo de aquella escena, que se te haya quedado grabada, y que te pongas nervioso cada vez que piensas en la insensibilidad y el poco tacto del médico.

Si el médico o cualquier otro profesional buscan un espacio adecuado y te preparan un poco —por ejemplo, con un «siento mucho lo que tengo que decirle»—, si te da la noticia de la enfermedad o de la muerte con un lenguaje llano y directo, evitando eufemismos, pero con tacto, si no se va inmediatamente después, sino que dedica un tiempo a escuchar tus preguntas, a recoger tu dolor y a ofrecerte su disponibilidad, recordarás ese momento como doloroso, pero no será tan traumático y, seguramente, te sentirás muy agradecido hacia ese profesional por su sensibilidad.

Para un profesional, la diferencia entre dar una noticia de manera correcta o incorrecta no supone más de quince minutos de su tiempo. Actualmente, existen protocolos sobre cómo dar malas noticias tanto en casos donde puede hacerse personalmente o si es preciso por teléfono como en el caso anterior.

Si la noticia es traumática, es decir, repentina, seguramente te costará recordar aquel día porque te provoca emociones intensas. Es preciso que, pasado un tiempo, encuentres a una persona de confianza con la que hablar sobre lo ocurrido. No tengas prisa; tú sabrás ver cuál es el momento apropiado y quién es la persona adecuada. Poner palabras a lo que sucedió y compartir con alguien que te dé permiso para expresar tus sentimientos te ayudará a que el recuerdo de aquel día no te pese tanto. Cuando lo compartes, puedes relatar los detalles de lo sucedido y describir también cómo te hubiese gustado que fuesen las cosas cuando te enteraste de la noticia. Habla de tus sentimientos y tus pensamientos, de quién estaba allí para darte apoyo o quién te hubiese gustado que estuviera. Es posible que necesites repetirlo varias veces, la primera es la más difícil, pero después de volver a repetirlo varias veces verás que la intensidad emocional irá disminuyendo y, poco a poco, podrás integrar ese recuerdo doloroso.

Si las circunstancias fueron muy traumáticas y crees que recordar aquellos momentos puede provocarte un descontrol emocional, es importante que busques el apoyo de un experto en duelo, una persona con formación especializada en trauma que te ayudará a autorregularte y te dará herramientas para elaborar esas imágenes o los momentos de intensidad más abrumadora.

Es posible que un teléfono sonando a deshoras te active el recuerdo de las circunstancias de la muerte. Las reactivaciones espontáneas pueden darse por sonidos, olores, imágenes, lugares específicos o parecidos. Puede ocurrir incluso ante una escena de una película, pero no te asustes cuando te ocurra. Tu cerebro intenta hacerse cargo del trauma, y por eso va abriendo el cajón de la memoria en el que guarda los momentos más dramáticos y te los pone delante en un intento de reparación. Es natural, pero si ves que estas intrusiones con el tiempo persisten, y te impiden hacer vida normal y descansar, tendrás que buscar apoyo. Un especialista en duelo te ayudará a minimizar el impacto de esas imágenes, elaborarás su significado profundo y poco a poco dejarán de visitarte. Si no se trabajan, el cerebro, que es muy testarudo, seguirá insistiendo.

Cuando recordamos un acontecimiento difícil y le ponemos palabras para describirlo, con alguien al lado que nos sostiene, con el tiempo y al revivirlas con este apoyo ya no duelen tanto. Paradójicamente, cuanto más hables del hecho, aunque en ese momento te dolerá, a largo plazo menos daño te hará.

VER EL CUERPO

Mi hijo de veintiún años acaba de morir en un accidente de moto. Estoy sola. Su padre está de viaje y todavía no ha llegado. Mis hermanas están de camino. Pido verlo, ¡necesito verlo! Ante mi insistencia, la enfermera va a buscar al médico. Hablan unos segundos en voz muy baja y me dicen: «Está desfigurado, es mejor que no lo vea». «Me da igual cómo esté, ¡necesito verlo!» Vuelven a intercambiar unas palabras entre susurros. «Podrá verlo, pero con una condición: que no haga tonterías.» «Claro, no se preocupe», respondo fingiendo una serenidad que no siento. Mientras tanto, me pregunto: ¿qué demonios quieren decir con eso de que no haga tonterías? Los sigo dócilmente hasta una gran sala, al fondo de un pasillo. Al abrir la puerta veo una camilla con un cuerpo cubierto con una sábana verde de esas de hospital. Entro temblando. El médico y la enfermera se quedan junto a la puerta. Avanzo poco a poco hasta el cuerpo de mi hijo, completamente cubierto por la sábana. La levanto un poco y le

toco una mano, ¡es su mano! La acaricio. Siento un impulso irrefrena-
ble de levantar la sábana del todo y abrazarle... ¡No me importa que
esté desfigurado! Le daría besos en las heridas, acariciaría su espal-
da... Una madre conoce todos los rincones del cuerpo de su hijo: no
en vano lo bañamos, lo limpiamos, y lo cuidamos cuando era un niño.
Me contengo porque siento las miradas de los dos sanitarios en mi
espalda. Y entonces entiendo qué querían decir con lo de no hacer
tonterías. Una escena, ¿verdad? Dejarme llevar por mi impulso ante
el cuerpo de mi hijo. Y yo solo sigo acariciándole una mano, no me
atrevo a retar a los dos profesionales, a sus miedos, a sus emociones.

Siempre me he arrepentido de no haber sido más valiente. Me
dejé robar una parte muy importante de mi experiencia del duelo.
Todo lo que no pude expresar se ha quedado ahí, en mi corazón: las
palabras que no dije, los gestos... Y duele.

Antiguamente, en tiempos de nuestros abuelos (y todavía en algunas zonas rurales), las mujeres de la familia eran las que limpiaban el cuerpo del fallecido, lo vestían y lo preparaban para el funeral. Poder tocar aquella piel, acariciarla, decirle o pensar unas palabras de despedida, pueden ser gestos que nos ayuden a tomar conciencia de la realidad de su muerte y a elaborar algunos aspectos de la relación que todavía no podemos dar por cerrados.

Muchos padres piden estar con el cuerpo de su hijo. Cuando se trata de un recién nacido, también se recomienda ofrecer esa posibilidad a las familias. En muchas ocasiones son las propias enfermeras las que acompañan a los padres en esos momentos y los animan a despedirse. En algunos hospitales existen protocolos específicos al respecto.

Pero no todo el mundo tiene esa necesidad. También escuchamos a muchas personas que afirman no haberla sentido, que prefieren no haber visto a su ser querido fallecido, y que prefieren recordarlo vivo.

Todos somos distintos, y no existe una manera correcta de hacer o de sentir estas experiencias tan especiales. Actualmente se recomienda en los hospitales que se facilite esa posibilidad, y la familia elige. Es importante que cada persona pueda decidir por sí misma, sin presiones, y que dentro del estado de choque y aturdimiento que se ofrezca esa posibilidad con suficiente tiempo para poder pensar y escoger. Si la persona lo desea, en ocasiones ayuda que alguno de los profesionales sanitarios esté presente. La presencia de una persona sensible en esos momentos puede ejercer una función de contención y, a la vez, de permiso.

No es bueno que algunos miembros de la familia, desde sus propios miedos, decidan por los demás. «Es mejor que no lo veas. Te hará daño. Recuérdalo como era.» Hay muchas madres que lamentan haberse dejado convencer en un momento de fragilidad y no haber tenido la posibilidad de pensarlo bien. El profesional sanitario, sobre todo en casos de accidente, debe animar a tomar la decisión personal y respetar lo que decida cada uno sin juzgar, por ejemplo, diciendo:

«¿Quiere verlo? Hay personas que dicen que les ha hecho bien, otras prefieren no verlo. Lo que usted decida estará bien. Tómese el tiempo que necesite. Volveré en un rato y me dice qué prefiere hacer. Si finalmente quiere, lo acompañaré».

Si no has tenido esta posibilidad porque no te dejaron o porque la presión del entorno te impidió reaccionar, recuerda que siempre puedes regresar a aquel momento y poner palabras a lo que desearías haber expresado. Hay personas en duelo que lo escriben a modo de carta; otras lo dicen en voz alta delante de alguien de confianza. El grupo de apoyo emocional a personas en duelo es un magnífico espacio para revivir la escena y mostrar aquellos gestos, emociones y palabras que no pudieron tener lugar en ese momento.

A pesar de los años que hayan podido pasar, estos gestos resultan muy reparadores. Ten confianza.

Las heridas emocionales no tienen fecha de caducidad.
En el duelo siempre hay tiempo.

Hay personas que no necesitan ni desean acompañar el cuerpo. Es importante no forzar nunca a nadie. No existen normas universales. Cada uno debe disponer del tiempo y el apoyo necesarios para elegir lo que mejor le va. Respetar las decisiones de los demás significa también que como profesionales no os dejamos solos en aquello en lo que podemos no estar de acuerdo o que, según nuestro marco de referencia haríamos de otra manera.

EL FUNERAL Y LOS RITUALES DE DESPEDIDA

NOTAS DEL TERAPEUTA

Preparando una ceremonia de despedida

Me llaman de la funeraria para una ceremonia civil. Se trata de un joven que ha muerto por un problema cardiovascular. Como de costumbre, me desplazo al domicilio. Eso me da la oportunidad de conocer su ambiente, sentir la energía del hogar y, especialmente, conocer a toda la familia. Siempre les pido que participen: cuantos más, mejor, incluyendo a los adolescentes y a los niños. Me espera un grupo de unas ocho personas y un par de pequeños que entran y salen del comedor. Me presento y les pido que se presenten. Están los padres, la mujer, una chica guapa, emocionada pero entera, y un par de primos jóvenes. Les explico cómo lo vamos a hacer, el significado del ritual y las diferentes posibilidades.

«Hombre, si hacemos todo lo que nos sugiere —dice el padre—, inos hará llorar! ¿No sería mejor algo más rápido?»

Yo sonrío: «Tiene razón, si hacemos eso, ustedes se emocionarán; en realidad, de eso se trata. Es un momento muy especial; podemos hacerlo como dice usted y ser rápidos. Entonces no es necesario que preparemos ningún texto ni testimonios. La ceremonia durará unos veinte minutos, hago una lectura yo misma y ponemos música. Es una opción, pero existe otra: ir un poco más despacio y que ustedes piensen cómo quieren que sea la ceremonia, cómo puede reflejar lo que ha sido su vida, su muerte y el legado que deja en sus corazones. Para hacerlo así, significativo, tienen que participar cuantos más mejor, y seguramente eso despertará emociones. Pero recordarán la ceremonia toda la vida, y el funeral es un momento ritual muy importante que debería planificarse a conciencia».

El padre se remueve en la silla, lleno de dudas. Se aclara la garganta (que es la manera en que muchos hombres expresan que están emocionados). Las mujeres del grupo, la esposa y una cuñada, toman el relevo: «Nos gustaría que fuese una ceremonia sentida. ¿Cómo podemos hacer que la gente participe?». Les explico un posible guion, les pregunto sobre gustos y creencias, cómo era el fallecido, sus cualidades por las que le recordarán. Poco a poco vamos hilando la ceremonia entre todos. A los adolescentes y a los niños no tengo que explicarles casi nada, el lenguaje simbólico les resulta natural y enseguida aportan mil ideas. Cuando hablamos de la música, la mujer sugiere tímidamente: «Yo canto. Me gustaría acabar la ceremonia con el *Ave María* (la versión de Gounod sobre el primer preludio de Bach), pero no tengo claro que sea capaz». «No se preocupe. Nosotros preparamos la música para el final, si se ve con ánimos, canta, y si no, dejamos que suene el tema. No lo piense, su corazón le dirá si puede o no cuando llegue el momento.»

Ha sido una ceremonia muy bonita. El padre es quien más ha participado, al principio y al final. A pesar de la emoción que sentía, ha sido capaz de hablar de su hijo a todos los presentes.

En el momento de la despedida con el *Ave María*, su esposa encogida por la emoción hasta ese momento se ha levantado al sentir los primeros compases y ha tomado de la mano a las dos personas que tenía al lado: la madre y una hermana. Ha cantado con una voz potente y clara. Ha sido muy emotivo.

No existe una manera única y correcta de preparar un funeral. Podemos pensar cómo le habría gustado a nuestro ser querido. O qué necesitamos nosotros y qué puede ser bueno para los que nos quedamos. Una de las diferencias entre una ceremonia religiosa y una civil es que la primera está dirigida al acompañamiento del alma de la persona fallecida. Se pide a Dios que le abra las puertas del cielo, y los seres queridos rezan por ese nuevo camino. El núcleo de la ceremonia religiosa es el difunto. En las ceremonias civiles, que también pueden ser muy espirituales, el duelo de los que se quedan, sus emociones, sus recuerdos y sus temores, constituyen también el eje central del ritual. El corazón de la ceremonia civil es la comunidad de vida de la persona que ha fallecido. Por eso se intenta que sea un espacio en el que se facilite la expresión del dolor y la solidaridad hacia la familia y también se procura siempre que participe todo aquel que lo desee. Es un ritual en el que los que se quedan y su duelo son tan importantes como los que se van.

Muchas iglesias han ido introduciendo progresivamente más espacios de expresión para las familias. Creo que se lo debemos a las personas con sida que en la década de los ochenta morían solas, rechazadas por algunas iglesias (especialmente en Inglaterra y Estados Unidos). Las familias y los amigos tuvimos que aprender a organizar ceremonias en las entradas de las iglesias o en otros espacios civiles. Muchas de esas personas expresaban que aunque estos rituales de despedida eran civiles, se habían percibido como muy espirituales. Aunque no se trataba la dimensión espiritual trascendental de manera explícita, esta acababa surgiendo espontáneamente. Después, poco a poco, a medida que el estigma y el rechazo iban desapareciendo, las iglesias fueron abriendo sus puertas a estas personas, los amigos seguimos insistiendo en querer participar de forma más activa en los funerales.

En nuestro país, la participación de las familias en las ceremonias religiosas depende de la buena voluntad del sacerdote y de su disponibilidad. En algunos casos es preciso insistir un poco y no dejarse robar ese espacio. Los rituales son esenciales, constituyen una oportunidad única para estar juntos. El ritual del funeral marca el final del tiempo de una relación y el principio del duelo. Es un momento de celebración. ¡Sí, he dicho «celebración»! Es el momento de festejar la que fue la vida del difunto, las cosas buenas que nos deja.

Si crees que el funeral por tu ser querido no fue en ese momento suficientemente significativo para ti, recuerda que siempre puedes organizar otro ritual posteriormente: en el momento de desprenderte de las cenizas o el día del aniversario de su muerte, por ejemplo. Seguramente, tu participación en el funeral habrá sido mínima, estabas demasiado aturdido. Puedes celebrar una nueva ceremonia con la gente que te rodea cuando tú quieras. La efectividad de los rituales no disminuye con el tiempo. Cualquier momento puede ser adecuado, aunque hayan pasado muchos años.

¡NO PUDE HACER NADA!

Cuando estaba en el hospital, con mi hijita en aquellas últimas horas tan angustiosas, viendo cómo luchaba por sobrevivir, recé mucho. Le pedía a Dios que me llevase a mí. ¡Yo ya he hecho mi vida! Ella la tiene toda por delante, solo es una niña... Nadie me necesita, pensaba, aunque sé que no es cierto, que su hermano me necesita. Pero me decía a mí mismo: saldrá adelante sin padre, seguro... Dios mío, haz que muera yo y sálvala a ella. ¡Lo hubiese aceptado de tan buen grado! Hubiese dado mi vida con alegría, sin dudarlo. No habría supuesto ningún sacrificio para mí. Entendí eso que dicen de que cualquier padre daría la vida por sus hijos. Pero nadie escuchó mis plegarias... Mi hija se fue apagando y yo no pude hacer nada por salvarla.

¿Cuántos padres han hecho esta reflexión ante la muerte inminente de un hijo, tenga la edad que tenga? «Hemos hecho lo que hemos podido», dicen los médicos. Ese pensamiento parece aliviar una parte del dolor, la de pensar que se podría haber hecho algo. Pero especialmente si la muerte ha sido accidental, repentina o por una enfermedad corta, las personas en duelo suelen explicar que en su cabeza bullen pensamientos de manera obsesiva.

Y si...

- «Hubiésemos probado en otro hospital.»
- «Nos hubiésemos dado cuenta antes de los síntomas.»
- «No le hubiésemos comprado el coche.»
- «Le hubiésemos convencido de que no aceptase aquel trabajo.»
- «Hubiese sido mejor madre/padre.»

Hacer el duelo es aceptar que no somos omnipotentes, que nuestra capacidad de control es limitada, que la vida es frágil, que ocurren accidentes, que las máquinas fallan, que los médicos se equivocan como cualquier ser humano. Resulta difícil aceptar la imprevisibilidad de la vida cuando vivimos en una sociedad con tantos avances tecnológicos que lo explican todo. Nos parece que no hay nada que no se pueda justificar. La ciencia ha respondido a muchos interrogantes sobre el funcionamiento de las cosas, de la vida, de la física o del universo, pero a pesar de esos conocimientos continúan ocurriendo cosas imprevistas. Seguimos sometidos al azar, a la imprevisibilidad y a la fragilidad de la vida.

Tenemos que rendirnos totalmente ante la vida. Debemos decirnos:

- «Hice lo que pude en aquel momento y en aquellas circunstancias.»
- «No tengo control sobre todos los aspectos de la vida. Eso es imposible.»
- «No puedo proteger de la muerte a mis seres queridos: tendría que encerrarlos en una cámara de seguridad, y entonces serían infelices.»
- «No puedo intercambiar mi vida por la de otra persona. El destino de cada uno es un misterio.»

¿HA SUFRIDO?

NOTAS DEL TERAPEUTA

¡Creo que mi marido sufrió!

Mariona nos ha explicado que su marido, Carlos, murió en una expedición al Himalaya. Desapareció con un grupo de alpinistas bajo un alud. De eso hace ya seis años. Las familias se desplazaron inmediatamente al lugar y los buscaron, pero en vano. Nunca encontraron los cuerpos. Ahora, nos explica Mariona, ha conocido a alguien y están a punto de casarse. Ha asistido al taller residencial de duelo porque quiere tener la certeza de que ha cerrado el proceso. Todos estos días ha escuchado a los otros miembros del grupo, que han compartido sus pérdidas, y siente mucha paz. No obstante, le quedan dos inquietudes. Una es la idea de que Carlos sufriese en el momento de su muerte, y la otra es que cuando estaban en los valles glaciales buscando el cuerpo con las demás familias, tuvo el impulso de gritar su nombre, llamarle por última vez, y no se atrevió, le dio vergüenza. Ha pensado en ello durante todos estos años. Cree que le quedan esas dos cosas por cerrar. Le pido que describa un paisaje concreto que recuerde de aquellos momentos y la animo a cerrar los ojos y a describir y entrar en la escena como si estuviese en el presente: «Cuando estés lista, grita sin miedo ni vergüenza, y habla también de tu miedo a que sufriese. Pon palabras a ese dolor que te ha hecho daño durante tantos años».

Se hace un silencio denso en la sala; estamos formando un círculo, todos atentos. Mariona describe los detalles del paisaje que la rodea. Nosotros también vemos las montañas, el cielo, incluso nos imaginamos el frío y el viento gélido. Mariona se toma un momento y respira profundamente con la cabeza gacha; a continuación, la levanta y grita el nombre de Carlos con todas sus fuerzas. El primero es como un golpe intenso y seco, hacia fuera, como una orden. «¡Carlos! ¿Dónde estás? ¡Vuelve!» El grito gana en intensidad en el vacío de silencio que hemos creado entre todos. En el segundo grito solo repite su nombre. El tercero es desesperado, también intenso, pero roto por la pena:

«¡Sal de donde estés! ¡No quiero que te quedes aquí con este frío!». Su voz corta nuestra emoción contenida, el tiempo se detiene. Los últimos gritos son más apagados, como si hablase con ella misma, buscando en un valle de soledad y añoranza interior: «¡Carlos! ¡Carlos!». Después de un silencio, rompe a llorar. «Siempre te llevaré en el corazón. Espero que no sufrieras, que fuese rápido. Te quiero.» En el valle resuenan sus últimas palabras. Estamos todos presentes, y todos juntos lloramos su dolor. Continúa el silencio como si el tiempo se hubiese parado. Después, poco a poco, se va recuperando. Levanta la vista y observa todo el espacio, el valle, el cielo y a todos nosotros. Nos ve y sonríe. «Gracias, me ha ayudado mucho.» Pregunta si nos puede abrazar a todos, de uno en uno. Así lo hacemos. Después se enjuga las lágrimas. «Ahora sí puedo seguir adelante.» La experiencia no nos ha llevado más de treinta minutos que recordaremos seguro toda la vida.

«¿Habrá sufrido en los últimos momentos?» es una pregunta que puede torturarte. Existe el sufrimiento que podemos ver, y este resulta más fácil de soportar. Estábamos con la persona querida y hemos podido escucharla, tal vez darle la mano, comprobar que tenía buenos momentos a pesar del dolor. El sufrimiento vivido y compartido es más llevadero que el imaginado, aquel del que no sabemos nada y que se crece en la negra fantasía de lo desconocido.

El sufrimiento que nos hace más daño es el supuesto. No has podido estar presente y, por tanto, no sabes qué ha pasado. Ya fuese un accidente de tráfico o de avión, o un incendio, en tu cerebro ese momento no tiene fin: es un momento de sufrimiento que solo puedes imaginar, porque no estabas allí. No ha acabado, es como si estuviese ocurriendo ahora mismo.

¿Puedes recordar el momento de sufrimiento físico más intenso que has vivido? ¿Cómo es el recuerdo ahora? ¿Queda algún rastro? No. El sufrimiento físico siempre se acaba, tiene un principio y un final. Recuerda que aunque tu ser querido sufriese, cosa que en algunos casos no se sabe ni se sabrá nunca, ese momento ya ha pasado, no está ni volverá a estar nunca más, tuvo su final.

Te ayudará mucho compartir esos miedos con otras personas. El hecho de poder expresar en voz alta tus inquietudes, darles voz y expresión emocional, te ayudará a aliviar el dolor, en especial si puedes hacerlo con amistades que no tengan ningún reparo en escuchar lo que les expliques. Es especialmente útil hablar y poner voz a la mejor fantasía, la de que no sufrió nada, pero también a la peor, la más difícil. Los pensamientos más negros son los que se ocultan en el corazón, donde se hacen más grandes. Compartidos con una persona de confianza, sensible, que se emociona con nosotros, que es capaz de hacernos las preguntas adecuadas y estar presente, su intensidad se reduce y el daño que provocan también.

Capítulo 6
EVITACIÓN-NEGACIÓN

Huir de la Navidad

Se acercaba la Navidad. La primera sin nuestra hija. No somos creyentes, pero la Navidad siempre ha sido nuestra festividad favorita. Ella no se había perdido nunca ni una, aunque su trabajo la obligaba a estar largas temporadas fuera del país. La cuestión me inquietaba bastante, así que después de pensarlo y hablarlo con el resto de la familia, decidimos optar (más bien lo decidí yo) por la estrategia de la huida. Compramos billetes de vuelo para irnos a México. Visto ahora, con perspectiva, creo que fue una idea acertada. No nos alivió el dolor, pero evitamos situaciones que nos hubiesen llevado a una emotividad demasiado intensa. Los paisajes eran espectaculares; la cultura, el clima... Todo nos ayudó a distraernos. Viajar te obliga a estar pendiente de cosas intrascendentes: buscar un restaurante, un tren que no llega, perderte en un lugar desconocido... Todo ayuda a desconectar de la realidad del dolor que sientes en tu interior. Suprimir la Navidad, esa es la idea. Hacer todo lo posible para evitar situaciones de emotividad. Entiendo que no se puede generalizar, pero a nosotros nos funcionó. No sé qué haremos este año, todavía no lo hemos hablado. Mi impulso sería volver a huir, pero entiendo que no lo podré hacer indefinidamente.

¿OLVIDAR O RECORDAR?
ESA ES LA CUESTIÓN

La mayoría de las personas, cuando afrontamos una experiencia difícil, tenemos el impulso de evitarla con el fin de aligerar su impacto. Esa huida está fomentada en parte por los mensajes que recibimos de las personas que nos rodean, los familiares, los amigos y la sociedad en general, que no quieren vernos sufrir, y nos animan a distraernos y olvidar lo ocurrido. También hay una parte de negación inconsciente que se relaciona con los mecanismos internos (intrapersonales), y que en parte constituyen una respuesta biológica de protección ante un sufrimiento que el cuerpo interpreta como excesivo.

Es natural, e incluso a veces necesario, vivir un tiempo de negación después de la muerte de un ser querido. La negación funciona como un grifo en el cerebro que gradúa el nivel de exposición a la información relativa a los hechos traumáticos, de manera que solo deja pasar la cantidad que puedes tolerar. Ese grifo puede ser muy poderoso: a personas con una estructura interna frágil, como es el caso de los niños, les resulta imprescindible para poder sobrevivir a situaciones muy traumáticas.

NOTAS DEL TERAPEUTA
Factores que hacen que en tu duelo haya más Evitación-Negación

- Existen aspectos jurídicos y/o legales asociados a las circunstancias de la muerte.
- Has vivido una pérdida desautorizada como una muerte por

suicidio, homicidio, o muerte perinatal, o una relación no reconocida.

- Has vivido la pérdida de varias personas a la vez.
- Tu estilo de afrontamiento al dolor ha sido siempre intentar evitar, negar o inhibir las expresiones de aflicción.
- Tienes duelos anteriores del pasado que no has podido resolver.
- No tienes red de apoyo emocional. No tienes personas con las que puedas compartir tus sentimientos.
- Tienes mucha presión de las personas de tu entorno hacia una pronta recuperación.
- Tienes responsabilidad de cuidado hacia los demás, por ejemplo, hijos pequeños o personas dependientes.

Este grifo graduador funciona de muchas maneras creativas: por ejemplo, nos estimula a evitar situaciones que pueden despertar recuerdos dolorosos, o crea fantasías de que la muerte no es cierta. En ocasiones se trata de respuestas automáticas; es decir, son cosas que hacemos, pensamos o sentimos fuera de la conciencia, sin darnos cuenta de que las utilizamos para suprimir el dolor; en estos casos hablamos de negación. En otras situaciones se trata de respuestas conscientes y deliberadas, como le ocurre a la madre del testimonio anterior, y las denominamos respuestas de evitación. Todos hemos pasado por un estado de negación o evitación en algún momento. Las personas mentalmente sanas necesitan la capacidad de negar determinados aspectos de la realidad en ciertos momentos, y eso ayuda a sobrevivir. Con mucha frecuencia somos capaces de ver las respuestas de negación de los demás, pero no somos conscientes de las nuestras. La negación es una herramienta poderosa que hay que agradecer y respetar. De hecho, anticipar y negar son las dos estrategias de graduación del impacto emocional de una experiencia traumática: funcionan de la misma manera, pero al revés. En la *anticipación* empezamos a sentir las emociones difíciles antes de que suceda la experiencia, y con la negación o *evitación* suprimimos esas emociones mientras sucede la experiencia o después de ella

¡Qué bien construidos estamos los seres humanos!, ¿verdad? Cuando estás de duelo, dispones de un repertorio excepcional de maneras de mitigar el dolor. Algunas son puntuales, momentáneas; otras perduran en el tiempo y se convierten en hábitos o rasgos de nuestra personalidad. Todas cumplen la misma función: dar un poco de tiempo de alivio cuando el dolor resulta demasiado intenso. Son maneras de cerrar los ojos ante lo que ha ocurrido, y las llamamos «*estrategias de afrontamiento de Evitación-Negación*». Veamos algunos ejemplos.

- Tienes la urna con las cenizas de tu ser querido en casa y hablas con ellas como si él estuviese contigo.
- Te esfuerzas por pensar que está de viaje, como había hecho otras veces, y sueñas con que te llame de un momento a otro para decirte que vuelve.
- Cuando oyes la puerta del garaje o el ruido de las llaves, fantaseas con que es él o ella; es un momento de esperanza, de descanso.
- Intentas estar ocupado todo el día, haciendo cosas sin parar, entreteniendo la mente con la tele, con internet, etcétera.
- Estás comiendo más de la cuenta, o bebes de más, o tomas drogas para anestesiar tu cuerpo.
- Te dices cosas a ti mismo y se las dices a los demás con el fin de intelectualizar o racionalizar la muerte o tus emociones: «Todos tenemos que morir»; «Apenarse no nos lo/la devolverá».
- Te comparas con otras personas: siempre habrá duelos peores que el tuyo.
- Te sientes enfadado y buscas culpables de lo sucedido. Tam-

bién puede ocurrir que dediques años de tu vida deseando venganza hacia los presuntos culpables.

- Estás obsesionado con los detalles y las circunstancias en que se produjo la muerte y no dejas de darles vueltas.

Todas estas respuestas son naturales y humanas; hasta cierto punto, pueden ayudarte en tu camino, pero a condición de que no se cronifiquen. Son útiles en la medida en que las utilicemos de manera puntual. Si se convierten en un hábito y se prolongan en el tiempo, pueden acabar teniendo consecuencias desastrosas.

¿Cómo funcionan estas estrategias de alivio del dolor? Existen muchas maneras de evitar el sufrimiento que nos provocan una pérdida o un trauma. Podemos negar la realidad de la muerte o suprimir las emociones que nos molestan; o bien podemos intentar controlarlas, esforzándonos por pensar que no son tan importantes, por ejemplo, minimizando lo ocurrido por comparación con las pérdidas de otras personas.

Veamos algunas de las respuestas de negación más comunes en el duelo.

NOTAS DEL TERAPEUTA

Respuestas de Negación-Evitación

- **Físicas**
  Armadura de tensión corporal. Encogimiento de hombros. Rigidez corporal. Contracción muscular en la espalda.
- **Emocionales**
  Rabia proyectada. Culpabilizar. Irritabilidad. Enfado desplazado. Deseos de venganza. Depresión.

- **Cognitivas**

  Negación de la realidad o de su significado: momificación, sublimación, creencias mágicas. Negación del impacto emocional: intelectualización, minimización, fantasear.

- **Comportamentales**

  Evitación de lugares, de objetos de recuerdos. Abuso de comida, alcohol, drogas. Conductas de sustitución, hiperactividad, aislamiento, actividades de búsqueda de alto riesgo (escalada, conducción temeraria), sobrecuidar a los demás.

RESPUESTAS EMOCIONALES DE EVITACIÓN-NEGACIÓN

Enfado desplazado

Pues mira, cuando estoy en casa, especialmente los fines de semana, me pongo fatal. No dejo que nadie me dirija la palabra. Estoy irritada y de muy mal humor. Todo me molesta. Lo que hago es no hablar y ponerme de morros, y entonces mi hija y mi marido charlan conmigo de sus cosas, de lo que haremos el fin de semana, y me hacen preguntas. Yo me quedo callada hasta que se enfadan conmigo. Y después explotamos y nos gritamos. Siempre ocurre igual; después me tranquilizo, es como si necesitase explotar una especie de nudo aquí, en el estómago y la garganta. Me molesta que me pregunten qué quiero, si me dicen algo, pero también si no me dicen nada y pasan de mí. El fin de semana pasado vinieron a vernos dos amigos de mi hijo. Lo hicieron de buena fe... pero he tenido que esforzarme. Sentía mucha rabia y no entendía por qué. Después pensé que era por verlos vivos. ¿Por qué ellos están vivos y mi hijo no?

Cuando vivimos la pérdida de un ser querido, hay emociones que nos ayudan a estar en contacto con lo ocurrido y otras que nos ayudan a desconectar del dolor. La emoción que más distrae del dolor, de la tristeza, es el enfado. Es lo que denominados una «*emoción tapadera*». La doctora Kübler-Ross describía el enfado como una etapa específica del afrontamiento de las pérdidas especialmente ante la muerte. Decía que es una fase natural del proceso de aceptación. También los niños, cuando se separan de sus madres, muestran respuestas de protesta emocional con llanto y enfado en un intento de recuperar el vínculo; es decir, para que la madre regrese. Y parece que resulta muy eficaz. Si vives cerca de una guardería, debes haber visto y oído numerosas evidencias cada vez que empieza el curso escolar.

Las personas en duelo suelen pasar por momentos de mucha protesta, que son reflejo de la dificultad para aceptar lo sucedido. Es una reacción instintiva, como la del niño que siente que le han quitado lo que más necesita en el mundo.

A menudo decimos que el enfado, la irritabilidad, la amargura y el resentimiento son maneras de disfrazar, de desplazar la tristeza del duelo. «¿Cómo es posible que me haya pasado a mí? ¡No me lo puedo creer! ¡No hay derecho! ¡No es justo!» Si el enfado no se expresa, acaba convirtiéndose en resentimiento y amargura, dos sentimientos muy destructivos para la persona y para quienes la rodean.

Las personas en duelo se aferran a su enfado con la vida, con Dios, con los demás, consigo mismo de manera tan insistente porque de alguna manera perciben que, una vez el enfado se haya desvanecido, deberán forzosamente afrontar su dolor.

Seguramente, tienes (o has tenido en algún momento) un vecino o una vecina con cara de resentimiento permanente, que no levanta cabeza, que siempre se queja de todo y amarga la vida a todo el mundo. Si alguien se tomase el tiempo de sentarse con esa persona y escucharla sin juzgarla, posiblemente explicaría una historia de duelo no resuelto.

**Detrás de una persona en duelo enfadada,
hay una persona que necesita llorar.**

El enfado siempre se dirige contra alguna cosa, algún hecho o alguna persona. Casi siempre es contra la vida, contra Dios o contra las personas que no han sufrido una pérdida como la nuestra, los supervivientes, los que imaginamos responsables de la muerte, y también contra el mismo fallecido.

A continuación tienes algunos ejemplos.

Contra la vida, contra Dios

La vida es injusta, dicen. Un amigo mío, médico de una unidad de cuidados paliativos, me explicó cómo una mujer de noventa y dos años que acababan de ingresar le agarró del brazo y, enfadada, le preguntó: «¿Por qué a mí, doctor? Dígame por qué tiene que tocarme a mí. ¡Dios es injusto!».

Una mujer de sesenta y cuatro años cuyo marido sufría una enfermedad degenerativa desde hacía veinte años, con ingresos frecuentes en el hospital, me decía: «No entiendo por qué se tenía que morir. No se me había pasado por la cabeza que esto me pasase a mí. ¿Por qué la vida me golpea de esta manera?».

Contra los que se quedan

Cuando veo a otras madres con sus recién nacidos en sus cochecitos, me digo: ¿Por qué me ha pasado a mí? Mira cómo se ríen, están contentas y felices. ¿Y yo qué? ¿No tengo nada para enseñar? Se esperaba de mí que saliese a la calle con un bebé en brazos, y ahora lo único que hago es dar explicaciones. A veces pienso que me gustaría que no naciesen niños, así no tendría que estar recordando permanentemente lo que no tengo. Ya sé que no tiene sentido lo que digo.

Cuando voy por la calle y veo a esos ancianos a los que nadie quiere, paseando en silla de ruedas, acompañados de una cuidadora, pienso: ¿Y por qué no se han muerto ellos en lugar de mi marido? Es como si una increíble maldad brotara de mí y la dirigiera contra todos los seres vivos, especialmente a las personas ancianas. Ellos ya han hecho su vida, sus hijos son mayores. Seguro que muchos solo piensan en morir... Y mi marido, ¿por qué? ¿Por qué mis hijos tienen que quedarse sin padre? ¡No los verá crecer!

Contra el que se ha ido

Sé que suena raro... pero la verdad es que estoy muy enfadada con él. Se ha marchado en el peor momento. Acabábamos de tener un hijo. Le había dicho tantas veces que un día se mataría... Siempre iba distraído al volante. De vez en cuando le decía que era un irresponsable... y así ha sido. En parte es culpa suya, y ahora mira cómo estamos... un bebé que no tendrá padre y yo sola...

Contra unos presuntos culpables

Mi hermana no ha muerto... ¡La han matado! Han pasado tres años y cada vez estamos peor. El juicio será dentro de pocos días. Esperamos que se haga justicia. El conductor del camión había bebido. No salimos adelante. Cada vez que nos reunimos, se repite la misma conversación. Solo por qué, por qué. Y cómo podríamos haberlo evitado. ¿Y si no hubiese salido aquel día? ¿Y si no la hubiesen llamado del trabajo a deshoras? ¿Y si hubiese tenido el coche nuevo que es-

taba esperando? ¿Y si no hubiese habido aquel atasco y hubiese tenido que cambiar de ruta?

Es posible que al leer todo esto, alguien piense: «Estar enfadado no te lo devolverá... ¡No tuvo la culpa!».

Quiero subrayar que es natural y humano que sientas y expreses tu enfado, y que es necesario que te permitas exteriorizar estas emociones, aunque te parezcan explosivas o impropias. No hay nada inadecuado en lo que piensas y en lo que sientes.

Expresar la contrariedad poniéndole gestos, con un amigo o una amiga que no te juzguen y te animen a ventilar tus sentimientos, te ayudará a sentirte liberado poco a poco.

Ninguna emoción en un proceso de duelo es inadecuada, por muy intensa o irracional que sea, siempre que se exprese sin hacer daño a nadie. Por eso no debemos nunca soltar nuestro enfado delante de nuestros hijos: no lo entienden y, sobre todo si son muy pequeños, pueden pensar que no los queremos, que queremos más al hermano que ha muerto, o que creemos que ellos son los culpables.

Algunas personas en duelo pueden sentirse culpables por estar muy enfadadas con la persona que ha muerto, porque las ha abandonado o porque no tuvieron cuidado y eso, en parte, ha provocado su muerte. Si es tu caso, toma conciencia de que ese sentimiento no es más que una muestra del amor que sientes y del dolor por la ausencia. Cuanto más enfadado, peor te sientes... Concédete permiso para sentirlo e incluso mostrarlo, por muy irracional que sea. Tienes derecho a protestar por lo que ha pasado.

Si ves que pasa el tiempo y que no te liberas del enfado, o del deseo de venganza, y que comienzan a afectar a tus relaciones familiares, de amistad o laborales, conviene que pidas ayuda a un profesional. No permitas que estos sentimientos se apoderen de tu vida; es parte del camino y tendrás que recorrerlo, pero si ves que te instalas en él, busca un grupo de duelo o un apoyo individualizado.

Estaba muy enfadada con Dios porque me había quitado a mi hijo. Él viajaba mucho y yo lo encomendaba a la Virgen de Montserrat, pero mira, se mató en un accidente. Estaba rabiosa, pero me decía a mí misma: «No puedes enfadarte con Dios ni con la Virgen, si lo haces puede que te castiguen quitándote a otro hijo». Gracias a la terapia entendí que podía enfadarme con ese Dios imaginario castigador al que yo me dirigía, y que mostrar el enfado contra Él era una manera natural de expresar que quería a mi hijo y que hubiese dado la vida por él. Pude explotar y decir todo lo que se me pasaba por la cabeza, todo lo que tenía escondido en mi interior desde hacía tanto tiempo... Y no pasó nada. ¡Me sentí tan liberada!

Sabes que debes pedir ayuda cuando el enfado se convierte en un rasgo de tu carácter. Siempre estás refunfuñando, quejándote o criticando. Pierdes el control y saltas sobre personas que no tienen nada que ver con lo que te ha pasado. Los amigos te avisan o te evitan; te estás convirtiendo en una persona amargada, irritable o resentida... En ese caso ha llegado el momento de pedir ayuda.

Culpa

Sentirse culpable también es una reacción común después de la muerte de un ser querido. Sentimos la culpa con relación a tres aspectos:

- La naturaleza de las circunstancias de la muerte, especialmente cuando pensamos que podríamos haberla evitado.
- La historia de la relación con el ser querido, aspectos que

han quedado pendientes (por ejemplo, en relaciones conflictivas o relacionadas con momentos difíciles).

- La culpa del superviviente: culpa de estar vivo o de tener un momento bueno mientras que el ser querido está muerto.

Ahora nos referimos únicamente a la culpa que tiene que ver con la manera en que se ha producido la muerte y la del superviviente. Más adelante hablaremos de la culpa relacional, el perdón y la reconciliación.

Normalmente, la culpa se manifiesta sobre todo con pensamientos repetitivos a los que no paramos de dar vueltas. Es lo que llamamos *rumiaciones en duelo*. Cuando tiene la forma de «¿y si?», lo denominamos *pensamiento contrafactual*. La característica de esos pensamientos es que parece que funcionan solos: aparecen y se instalan de manera automática, y nos dejan agotados. Son más frecuentes cuando las circunstancias han sido muy traumáticas, y especialmente cuando ha pasado poco tiempo desde la pérdida.

Normalmente adoptan la forma de...

- «Si hubiese...»
- «Si no hubiese...»
- «Es culpa mía porque...»
- «Tendría que haber...»
- «Lo que no acepto es...»
- «Y no me puedo perdonar que...»
- «Y no puedo perdonar a... que...»

En ocasiones nos asaltan como pensamientos intrusivos, totalmente fuera de nuestro control:

- «Si él no hubiera...»
- «Si pudiera volver atrás...»

- «Ellos son los responsables.»
- «Ojalá le pase algo.»
- «Tendría que denunciarlos.»
- «Es culpa mía.»
- «Si no hubiera ido allí...»
- «¿Por qué no nos dimos cuenta?»
- «No puedo vivir sin él, no puedo seguir así.»

Algunos sentimientos de culpa pueden tener una base real; es decir, la realidad es que existen elementos razonables de peso que indican que la muerte podría haberse evitado, o que hay uno o unos presuntos responsables, ya sea por negligencia, distracciones, errores de juicio o mala praxis. Pero lo más habitual es que la culpa no tenga un fundamento en la realidad, que sea irracional y fruto de unas expectativas exageradas sobre uno mismo, sobre la vida o sobre los demás.

NOTAS DEL TERAPEUTA

Características de las rumiaciones y el pensamiento contrafactual

Las rumiaciones y los pensamientos contrafactuales se producen como un monólogo interior. La persona en duelo se habla a sí misma, o se dirige a otra persona, o a una circunstancia a la que acusa o responsabiliza, o pide venganza, o bien da vueltas y más vueltas a una cuestión sobre la información recibida. Las preguntas siempre tratan sobre la causa de la muerte, la búsqueda de detalles en la información, la fijación con síntomas negativos o la búsqueda de significados y explicaciones.

Cuando una persona rumia, siempre tiene el cuerpo en tensión, hay una desconexión corporal porque es una reacción que se produce en el ámbito mental. De hecho, si la persona que rumia puede conectar con alguna emoción como el llanto, el pensamiento se detiene. La ausencia de acción es otra característica: rumiar resulta muy invalidante por lo que respecta a la acción práctica. Aunque su contenido se centra en acciones, estas se reducen casi siempre a suposiciones, deseos o sueños que no pasan a la acción, que no se convierten en realidad.

La persona que rumia solo está focalizada en una parte de la realidad; hay una pérdida de la visión global de la situación. Es una fijación mental rígida. Además, la rumiación se produce en soledad; es difícil rumiar mientras se comparte con otra persona. Aquellos que viven aislados, que no tienen con quien compartir, suelen tener muchas más rumiaciones obsesivas.

Estas son algunas de las expresiones que más se escuchan en los grupos de duelo:

- «Me siento culpable del suicidio de mi madre. De no haberme dado cuenta de lo mal que estaba. Tendría que haberla protegido de sí misma.»
- «Me siento culpable del accidente de coche de mi marido; tendría que haberle dicho que fuese con más cuidado. Yo sabía que siempre conducía muy distraído.»
- «Me siento culpable de la muerte de mi hijo pequeño. No estaba vigilándolo en aquel momento y tuvo aquel fatídico accidente.»
- «Me siento culpable de la muerte de mi mujer. Me pregunto si no deberíamos haber hecho algo más, si hubiésemos podido ir a otro hospital.»

La gente que os quiere ayudar, incluso los terapeutas de duelo, a veces insisten en querer distinguir entre qué parte de tus sentimientos de culpa tiene una base real y qué parte no la tiene. Y si aparentemente no la tiene, os dirán que no deberíais sentiros así. Pero, este razonamiento tan lógico y cargado de buena intención ¿ayuda a la persona en duelo? Yo creo que muy a menudo no.

La culpa se crece con los intentos en disiparla y se mitiga con nuestro coraje en admitirla, reconociendo nuestras imperfecciones y limitaciones.

Ante las muestras de culpa de las personas en duelo, todo el mundo retrocede como si se tratase de algo muy negativo. ¿Por qué nos resulta tan difícil aceptar que nos sentimos culpables de algo? De alguna manera, ese sentimiento es una forma de seguir mostrando afecto. Somos personas que hemos querido al fallecido, y la culpa también tiene una parte reparadora del vínculo. Si eres padre o madre, posiblemente siempre sentirás en mayor o menor medida cierto sentimiento de culpa por la muerte de tu hijo o hija. Lo que te ayudará es poner palabras a ese sentimiento. Busca las expresiones más precisas para ti.

- «¡Ojalá hubiese podido protegerte!»
- «Hubiese hecho todo lo posible para que esto no ocurriese.»
- «¡Ojalá me hubiese pasado a mí!»

Desgraciadamente, al entorno le resulta muy difícil soportar las expresiones de culpa, y la gente responde a menudo con un «¡Venga ya!, ¡no eres culpable de nada!, ¡ni lo pienses!». Y eso hace que callemos y no expresemos lo que sentimos, pero intentar no pensar no es una buena manera de afrontar la culpa y las rumiaciones u obsesiones; al contrario, parece que cuanto más las queremos eliminar, más insistentes se vuelven.

**No podemos luchar contra unos pensamientos
con más pensamientos.**

Librarse de los sentimientos de culpa puede llevar mucho tiempo. No hay prisa. Paradójicamente, el primer paso consiste en aceptarlos, apropiarse de ellos, darte permiso y considerarlos como una parte natural del camino. Recuerda que tus sentimientos de culpa son una muestra de amor, de que te importa lo que ha ocurrido, de que te duele. Si no te sintieses culpable, te parecería que no querías a la persona, ¿verdad?

Librarse de la culpa pasa por aceptarse a uno mismo como una persona con límites, que ama, pero que no llega a todo, que es imperfecta y humana. También, que la vida y los demás son limitados: no somos superhombres, no podemos detener el futuro, ni predecirlo, ni evitarlo. Si tuviésemos esos poderes, habríamos hecho algo. Nuestros sentimientos de culpa, en muchos casos, guardan relación con nuestra fantasía de ser omnipotentes, de poder controlarlo todo, nuestro destino y el de nuestros seres queridos.

**Detrás de los sentimientos de culpa, la persona en duelo
expresa un grito de dolor y de amor.**

Veamos algunas de las palabras de descarga que las personas del grupo de duelo (las mismas de antes) han podido verbalizar cuando han sido escuchadas y han expresado su dolor.

- «Yo no tenía control sobre la depresión de mi madre. No podía protegerla. Muchas personas con depresión buscan la liberación con el suicidio. Hice todo lo que pude.»
- «Mi marido era un hombre adulto. Aunque le hubiese dicho algo, él habría hecho lo mismo. Todo el mundo puede despistarse en algún momento mientras conduce. No se puede prever.»
- «Como madre es imposible estar las veinticuatro horas del día vigilando a un niño. Siempre hay algún momento en que escapa a nuestras miradas. Los accidentes domésticos ocurren, no se pueden evitar, no se pueden predecir.»
- «Hay enfermedades difíciles de diagnosticar. Ni yo ni los médicos somos perfectos. No todas las enfermedades se pueden prever. Siempre habrá hospitales en todo el mundo a los que podíamos haber acudido, pero nunca sabremos qué habría pasado si hubiésemos tomado otras decisiones. Hice lo que buenamente pude.»

Existen dos tipos de culpa especiales que merecen ser descritos con más detalle.

Culpa del superviviente

Es posible que, en tu caso, los sentimientos de culpa estén asociados con el hecho de tener un momento bueno, de sonreír, quizá de estar ilusionado otra vez. O incluso de haberte distraído de tu dolor durante un tiempo. Otras veces, la culpa del superviviente se asocia al simple hecho de estar vivo, ya que de buena gana te habrías cambiado por el fallecido. La sensación de que estar vivo es una especie de suplicio ocurre con frecuencia entre los padres y las madres. Da igual si el hijo que ha muerto es muy pequeño o un adolescente; ocurre también con los hijos adultos. Con frecuencia, los padres y las madres expresan un «Ojalá me hubiese muerto yo; mi hija tenía toda la vida por delante». La culpa del superviviente está casi siempre presente en el caso de los abuelos. He escuchado tantas veces estas palabras: «Yo me hubiese ido de buena gana. Ya he vivido la vida, soy viejo y ya no pinto nada aquí. Además, no soporto la pena de mis hijos. No sé qué decirles. Veo en sus miradas tantas cosas que no dicen...».

Los abuelos hacen el duelo doble:
la muerte del nieto y el dolor de ver al hijo en duelo.

Se denominan *muertes a destiempo* aquellas donde se percibe que no deberían haber ocurrido porque la edad del fallecido es menor que la del doliente. Las muertes de niños, adolescentes y adultos jóvenes siempre generan culpa en los supervivientes.

También vemos la culpa del superviviente en los casos en que la persona siente que debería ser ella la que hubiese muerto en el accidente. Por ejemplo, en accidentes en los que alguien se ha cambiado de sitio, o cuando a última hora se produce una sustitución, o alguien llega tarde y se salva. Muchos niños se sienten culpables de la muerte de un hermano, o del padre o de la madre, sean cuales sean las circunstancias. El siguiente texto es de una persona que perdió a su madre y a dos hermanos en un accidente de coche. Tenía entonces once años.

Querido hermano:

Quiero pedirte perdón. De no haber sido por mí, a lo mejor serías tú el que estaría vivo. Siento mucho haberme cambiado de asiento en el coche antes del accidente. Es algo que me ha perseguido toda la vida. ¿Casualidad o destino? Supongo que estas cosas pasan; debido a ese cambio tú dejaste de vivir y yo continúo luchando en este valle de lágrimas. A veces me consuelo con la frase «Dios se lleva antes a los que más quiere». Nunca me he sentido más querido por haberme quedado aquí, sí he sentido que recibía mucha responsabilidad, la de hacer de mi vida algo útil, que os hiciese sentir orgullosos a mamá y a ti. De hecho, fue ella la que te pidió que me cambiases el sitio ante mi insistencia.

A veces también me he sentido como un ladrón que te ha robado una larga vida. Y he sentido las ganas de volver a cambiarte el sitio, de darte la posibilidad de vivir esa vida. ¡Seguro que habrías triunfado! No sé... Me siento responsable, pero me estoy dando cuenta de que no soy culpable. En cierto sentido sigues vivo dentro de mí, este es el cielo que puedo ofrecerte. Contigo me siento fortalecido. Te doy las gracias por la vida que has vivido, por tu presencia a mi lado, que he sentido en muchos momentos, cuando después de tu despedida sentía que ya no tenía a mi hermano mayor.

Me despido de ti sabiendo que me has perdonado. Gracias y hasta siempre.

Culpa de sentirse aliviado

Algunas muertes pueden conllevar una sensación de alivio, y es posible que esos sentimientos también te hagan sentir culpable. Puede ser incluso que deseases esa muerte. No hay nada de maldad en ese deseo. Muchas personas, en algún momento, hemos deseado la desaparición de alguien, ya sea porque lo vemos sufrir demasiado o porque hacía sufrir a otros o a nosotros mismos. Por tanto, no eres el único que ha tenido esas ideas que no son más que el reflejo de la esperanza que tiene toda buena persona de aliviar el dolor y el sufrimiento de los demás.

Si tenemos un familiar muy enfermo, que sufre mucho, es natural desear que ese sufrimiento acabe. He visto que algunos familiares, incapaces de soportar el dolor del otro, se despedían antes de tiempo o se apartaban de la cama del enfermo porque no podían tolerar su dolor. Los maestros espirituales afirman que nadie vive un sufrimiento que no pueda tolerar. Puede que esta idea te ayude. A veces sucede que las personas que más queremos nos enseñan —justamente a nosotros— todo el dolor que experimentan, y es preciso hacer un esfuerzo para entender que ese dolor se mitiga en otros momentos, que no se padece las veinticuatro horas del día.

En estos casos, cuando el ser querido fallece, es posible que sientas emociones ambivalentes: tristeza por la muerte, alivio porque ya no sufre o no te hará sufrir más, y culpa por haber deseado el desenlace.

Cuando expreses esos sentimientos, es posible que te ayude separar las «partes»:

- «Deseaba que muriese la parte de él que sufría tanto».
- «Deseaba que muriese aquella parte de él que nos hacía sufrir tanto».

NOTAS DEL TERAPEUTA

Muchos profesionales tienen dificultades en manejar los sentimientos de culpa de sus pacientes.

Lo que un terapeuta de duelo no debería decir ante las expresiones de culpa del doliente

- Piensa en los buenos momentos, los que fueron positivos: No te centres en lo difícil.

- Date cuenta de que tus sentimientos de culpa no implican más amor a tu ser querido, que dejes de sentirte culpable no significa que vas a olvidarle.

- No te centres en los momentos de su muerte, sino en su vida y la alegría y las cosas buenas que te ha dejado.

- Si quieres perdonarte a ti mismo, debes entender que la culpa tiene que ver con la intención: ¿hiciste algo de forma intencionada para que le ocurriera algo a tu ser querido? Si no es así, ¿por qué te sientes culpable?

- Hay un momento en que debes decirte: «ya es suficiente, suelto el dolor y la culpa». ¿Cuántos años llevas sintiéndote culpable?

- Date cuenta de que, sintiéndote culpable, solo puedes recordar a tu ser querido desde el sufrimiento.

- Cuando estés preparado para dejar ir tu culpa y dolor, háblale en voz alta a tu ser querido expresándole que continúas queriéndolo mientras afirmas tu decisión de soltar la culpa: «Te quiero, pero tengo que dejarte ir. Te querré hasta el día que muera, pero quiero acabar mi duelo».

- No digas me siento culpable. Di: «Me siento responsable».

Las respuestas del tipo «esfuérzate más» pueden ser adecuadas en contextos sociales, pero no profesionales. Fíjate en que son casi como órdenes que encierran un cierto paternalismo profesional: no promueven la autonomía afectiva del paciente, ni el desarrollo de estrategias personales. Además, pueden causar iatrogenia porque el paciente se siente inadecuado al no ser capaz de suprimir esos pensamientos y sentimientos, y puede decidir abandonar el proceso terapéutico.

La respuesta adecuada del terapeuta siempre debe ser una validación de esos sentimientos, facilitar su activación en el aquí y ahora y su exploración y elaboración.

Cómo debería intervenir un terapeuta de duelo ante las expresiones de culpa del doliente

- Siento mucho por lo que estás pasando.
- Lo entiendo perfectamente y me llega lo que me cuentas.
- Háblame más de este sentimiento: ¿puedes describirlo?
- ¿En qué momentos sueles sentir este sentimiento de culpa? ¿Qué situaciones lo despiertan con más intensidad?
- ¿Cómo lo experimentas físicamente, dentro de ti?
- ¿Qué emoción acompaña la culpa? ¿El enfado?, ¿la tristeza?, ¿la vergüenza?
- ¿Qué es eso tan difícil que te hace sentir culpable? Háblame de eso.
- ¿Qué recuerdos te despiertan este sentimiento?
- Háblame de todo esto que sucedió y que te hace sentir tan culpable.
- ¿Quién te gustaría que te escuchara cuando hablas de estos sentimientos y pensamientos? ¿Ante quién son estos sentimientos?

RESPUESTAS CONDUCTUALES DE EVITACIÓN-NEGACIÓN

Paso el verano en L'Escala, un pueblecito marinero del Empordà, en la bahía de Roses, una de las más bonitas del mundo. Esta es una historia ampurdanesa.

Había una vez un pescador que vivía junto al mar con su mujer y su hijo. Una noche de tormenta, la fuerza del mar le arrebató su casa y a su familia. Lo perdió todo. Desesperado, hundió su barca a golpes de hacha. Tomó un remo y se marchó caminando tierra adentro. En cada pueblo al que llegaba preguntaba: «Hola, maestro, ¿sabéis qué es esto?». Y mostraba el remo. «Un remo», le respondían. Y entonces continuaba la marcha más y más hacia el interior, hasta que llegó a un lugar en el que la gente no conocía el mar, ni sabía nada de redes, barcas ni tormentas. Al preguntar en un pueblo, le contestaron: «Es una pala para meter el pan en el horno». Y se quedó a vivir allí, intentando rehacer su vida lejos de todo lo que le recordase lo que había perdido.

Tu cuerpo también experimenta reacciones de evitación del dolor o negación: por ejemplo, huir de ciertos lugares, estar ocupado para distraerte, comer en exceso... Se trata de actividades y conductas que ayudan a minimizar el sufrimiento. Recuerda que no tiene nada de malo: estás haciendo lo que puedes y necesitas en todo momento. Entonces me dirás: «Si es así, ¿por qué tengo que leer este libro?». Porque tomar conciencia, darte cuenta de la función que tiene lo que sientes y haces, te ayudará mucho en tu camino. Descubrir la razón inconsciente de estas conductas te aportará una perspectiva sobre tu duelo y sobre ti mismo.

Evitar los lugares y fechas que te traen recuerdos

Una de las conductas más frecuentes en situaciones de duelo, pero también en muchas situaciones incómodas, consiste en evitar los lugares físicos o que traen recuerdos, tal y como ilustra la historia del pescador del cuento. Muchas personas deciden sortear los días especiales, como, por ejemplo, el aniversario de la muerte, o fiestas señaladas como la Navidad, el cumpleaños o el día del santo del fallecido. Hacer un viaje, o simplemente cancelar la fiesta y proseguir con las actividades de cada día son maneras de escabullirse de los recuerdos dolorosos. También se puede alterar el recorrido para ir a comprar a las tiendas habituales, o incluso cambiar de tienda para no enfrentarse a las miradas de la gente o a sus preguntas. Puede ocurrir que evites las calles por las que paseabais juntos, o vuestro restaurante favorito, si has perdido a tu pareja o a un amigo importante. Muchos padres explican que les resulta muy difícil acercarse al entorno del colegio o del instituto al que acudía su hijo; ver los grupos de niños, a sus amigos o el patio en el que jugaba se hace insoportable.

Puedes evitar los lugares que te traen recuerdos durante el tiempo que necesites. Cuando sea tu momento, podrás plantearte volver a caminar por esos espacios de recuerdo: puede hacerte bien más adelante, cuando te sientas preparado. La primera vez convendría que fueses acompañado de algún amigo, sobre todo si vas a ver el lugar donde ocurrió el accidente. Puedes preparar un pequeño ritual en el lugar, llevar unas flores o pronunciar una plegaria de recuerdo, por ejemplo. Prepárala con antelación con la persona que vaya a acompañarte.

Estar permanentemente ocupado

Esta es otra buena manera de aliviar el dolor de la ausencia: lanzarse a una actividad frenética para distraerse de la realidad; estar frente al ordenador durante horas y horas, poner la tele en cuanto llegas a casa... Para muchas personas en duelo, el trabajo se convierte en un refugio donde pueden olvidar la realidad por unas horas y concentrarse en algo que distraiga la mente.

Sin embargo, esto no es así para todo el mundo. Hay personas que solicitan una baja laboral, ya que acudir al trabajo es una experiencia para la que no se sienten preparados: hacer el esfuerzo de estar bien ante los demás las deja agotadas, y el ritmo y la estructura de los horarios se hacen muy difíciles de sobrellevar. De hecho, una de las recomendaciones que hacemos a las personas en duelo es que la situación ideal en lo que respecta al ámbito laboral sería que la empresa les permitiese trabajar cuando pudiesen y las horas que pudiesen. Las empresas deberían mostrarse sensibles a las necesidades emocionales de los trabajadores y permitirles flexibilidad, al menos durante los primeros meses.

Estar ocupado te ayudará a distraerte y a descansar de tu dolor. Estar absorto haciendo cosas, manteniéndote activo, es una manera de aliviar las sensaciones y mantener a raya los recuerdos dolorosos. El problema se dará si no te permites tiempo para sentir nunca, si lo único que haces es ir de aquí para allá, siempre ocupado. Es importante que te concedas tiempo para hablar de tu duelo: planifica en tu agenda momentos para estar contigo mismo y para compartir con otras personas. Aunque parar un momento y escucharte te provocará tristeza, también te ayudará a ir vaciando poco a poco todo el dolor que llevas dentro.

Actividades de búsqueda del riesgo

En los adolescentes y también en los adultos se produce la búsqueda de lo que llamamos *actividades de alto riesgo* que incluyen una buena dosis de peligro. Parece ser que el riesgo activa descargas de adrenalina que tienen una función anestésica. Alcanzar altas velocidades con la moto o el coche, o practicar deportes que suponen situaciones de peligro también son maneras de retar a la muerte (en ocasiones, totalmente inconscientes) como una muestra de venganza: «Ya que me has quitado a la persona que quiero, ahora te reto».

Desde que ella no está, la soledad es terrible. No la soporto. Lo que hago es correr de un lado para otro, cualquier dirección es buena, da igual, lo importante es correr... No puedo estar solo, necesito tener a alguien al lado siempre. Parece como si en el fondo estuviese deseando acabar con todo. El otro día casi tengo un accidente con el coche; ¡iba muy rápido! Me paré en el arcén, asustado de mí mismo. Estoy muy destructivo, también con el tabaco, el alcohol y la comida. He descuidado totalmente mi imagen, como a cualquier hora, bebo cuando me apetece, me he destrozado la boca de tanto rechinar los dientes y no me importa. Me aíslo y me aparto de la gente. Cuando conozco a alguien nuevo, me alejo; es como si una parte de mí quisiera destruir todas las amistades, las nuevas relaciones... Todo me es indiferente.

¿Realizas alguna actividad de riesgo desde que estás de duelo? ¿Haces cosas destructivas, que sabes que te hacen daño? ¿Cómo te sientes cuando las haces? Toma conciencia de su función y pon nombre a cómo te ayudan a estar desconectado de una parte de ti. Si lo que haces implica un riesgo grave para tu vida, es urgente que pidas ayuda. Empieza compartiéndolo con un buen amigo; explícale lo que sientes y el riesgo que asumes cada vez que realizas la actividad. Deja que te aconseje y después, si lo consideráis necesario, recurre a un experto en duelo.

La sustitución

La sustitución es otra respuesta de evitación: encontrar una nueva pareja inmediatamente después, o quedarse embarazada para que el nuevo hijo ocupe el lugar del que ha muerto son dos claros ejemplos. Es natural y humano querer recuperar la propia vida, y es cierto que los hijos nos empujan a vivir y nos ayudan a crecer. Cuidar de un niño da sentido a nuestra existencia, pero un hijo no puede sustituir a otro de ninguna manera. El hijo que nace para sustituir o llenar el vacío que ha dejado el fallecido tiene que asumir las expectativas del que ya no está, y eso no es justo ni para el que se ha ido, ni para el que acaba de llegar. Las consecuencias de la sustitución siempre las paga el que ocupa el espacio. No obstante, querer tener un hijo después de la pérdida no significa necesariamente que los padres estén sustituyendo: en muchos casos se trata de una decisión fruto del deseo natural de seguir manteniendo el papel de padres y de dar cariño.

Si has perdido a un hijo y estás pensando en tener otro, recuerda que la ilusión del nuevo te dará fuerzas, pero nunca sustituirá al fallecido ni, posiblemente, aliviará el dolor como imaginabas. Honrar al hijo muerto consiste en concederte tiempo para elaborar el duelo por su pérdida. Cuando el duelo esté hecho y el dolor se haya mitigado, podrás decidir si es bueno para la familia, y sobre todo para el hijo que llegará y, también, para el que se ha ido. Tener otro hijo debe ser una conclusión de lo que habéis vivido y aprendido como familia.

Si has perdido a tu pareja, antes de empezar una nueva relación concédete tiempo para hacer tu duelo. No tengas prisa. Esperar te dará más confianza, escogerás mejor y podrás estar más disponible para dar y recibir afecto. La soledad es difícil, pero llenar el vacío con otra relación cuando no estás preparado solo te aportará un alivio transitorio, y es posible que cuando estés mejor descubras que te has equivocado en tu elección.

¿Recuerdas las historias de las madrastras de los cuentos? ¿Te has preguntado alguna vez por qué siempre eran malas y medio brujas? También suele ocurrir en los cuentos con padrastros. He visto a algunos viudos y viudas que para mitigar su dolor buscan rápidamente otra pareja y, en muchos casos, se produce un movimiento inconsciente de elegir a alguien del que no se está realmente enamorado. Parece que se quiera tapar un vacío de dolor excesivo, y además es una manera de asegurarse de que si pasa algo no se volverá a sufrir.

«Ya sé que es un poco bruja, pero si no va bien, incluso si muere, no sufriré tanto», me explicaba un viudo. Cuando exploramos la situación, los sentimientos de culpa respecto a la muerte de su mujer eran enormes, y parecía que pretendía expiarlos eligiendo a una «bruja», como él decía. A este tipo específico de sustitución catastrófica lo llamo *síndrome de la madrastra*. Pero, ojo, ¡que hay madrastras estupendas! Yo misma he tenido un padrastro que vale todo el oro del mundo.

Cuidar a los demás para no sentir tu dolor

Algunas estrategias de evitación del sufrimiento son susceptibles de convertirse con el tiempo en adicciones: comer, beber, tomar drogas como el cannabis... Algunas personas alivian su angustia sexualizando, es decir, estableciendo relaciones afectivas y sexuales adictivas. En el duelo también hay conductas no tan destructivas, que pueden tener una parte adaptativa, pero que, mantenidas en el tiempo, pueden convertirse en algo dañino para ti. Por ejemplo, comprar compulsivamente, trabajar mucho, ir deprisa, cuidar de los demás...

Sí, «cuidar a los demás» puede ser una manera de evitar el dolor.

Después de la muerte de nuestro hijo decidimos que teníamos que ayudar a otros padres. Era como si esa tarea nos diese energía para vivir nuestro dolor. Organizamos una asociación y nos lanzamos a formar grupos, a visitar familias, a dar charlas. No parábamos. Todo el mundo nos decía que estábamos haciendo un trabajo admirable. Los dos sabíamos que no estábamos bien, pero no queríamos verlo. Un par de años después caí en una depresión, estaba agotado y confuso... Era como si todo aquello que había aprendido a decir a los demás yo no lo tuviese asumido. Exploté. Ahora entiendo que aquello era una huida, una manera de no estar en casa, de no sentir el vacío que había dejado nuestro hijo.

Cuidar de los que nos rodean es, sin duda, una acción generosa y bonita, pero cuando se hace para no asumir las propias emociones, o para no recordar el dolor de lo sucedido, se convierte en un problema. No obstante, a todos nos gusta ocuparnos de los demás, apoyarlos, hacer el bien.

Ayudar a los que nos rodean en su duelo:

- Nos permite sentirnos útiles.
- Nos distrae de nuestras propias emociones.
- Con frecuencia, vemos lo que le conviene al otro y somos buenos maestros en adoctrinar acerca de aquello que nosotros mismos no somos capaces de lograr.

¿Cómo sabemos que ocuparnos de los demás no es una manera de evitación?

Examina las siguientes afirmaciones y comprueba si puedes aplicártelas. Si es así, sabes cómo cuidar de los demás sin que sea una huida de ti mismo:

- No sueles ofrecer ayuda sin que te la pidan; además, no te enfadas si alguien te dice: «No, gracias, te lo agradezco, pero puedo yo solo». Cuando escuchas esas palabras, te alegras de que no te necesiten.
- Te cuidas, no vas estresado, practicas lo que predicas ocupándote y responsabilizándote de tu cuerpo, de tus emociones y de tu familia. Dispones de tiempo para estar contigo mismo y lo disfrutas. Sabes parar y gozar de otras cosas de la vida además de ayudar a los demás.
- Sabes hablar de ti, de tu historia y de tus heridas. No rehúyes las conversaciones que pueden despertar tus emociones y no temes expresarlas. No te resulta difícil hablar de tu historia de pérdidas.

Si la respuesta a las tres afirmaciones es sí, entonces eres un *cuidador*, no un *salvador*. Es decir, cuidas desde la responsabilidad de ti mismo y no desde el impulso de salvar al otro. ¡Enhorabuena!

La momificación

Otra respuesta de desconexión del dolor consiste en *tener las cosas de la persona exactamente como las dejó*.

Recuerdo que mi abuela contaba que en su pueblo, cuando era jovencita, murió una mujer que vivía muy aislada y, cuando fueron a su casa, encontraron allí el cuerpo momificado de su marido: ¡lo tenía sentado en el sofá! Durante el velatorio de su esposo, años atrás, la mujer se las apañó para no poner el cuerpo en la caja ni enterrarlo. Mantener la personificación del difunto a través de su cuerpo o de objetos de recuerdo son comportamientos de negación que los profesionales denominan *momificación*. Es una palabra muy fea y parece que implica una idea negativa, pero no siempre es así.

> *Tengo sus cosas en casa tal y como las dejó: el cepillo de dientes en el mismo sitio, la bolsa de deportes con la ropa dentro, no he borrado el mensaje del contestador... Tampoco he cambiado las domiciliaciones de los recibos; todo está a su nombre. Han pasado dos años, pero no quiero aceptar: aceptar es olvidar, y no olvidaré nunca.*

Mantener las cosas del difunto durante mucho tiempo y de manera inflexible es una forma de no aceptar la realidad de la muerte, o aceptarla como un hecho, pero no con sus consecuencias. Si lo mantengo vivo a través de objetos, rituales o imaginándolo presente, no sentiré la añoranza y el vacío.

En ocasiones no nos atrevemos a tocar algo porque dejarlo

donde está es una manera de parar el tiempo: «Él lo dejó ahí; si pudiese retroceder a aquel momento... ¡Todavía estaba vivo!».

Es natural tener objetos de recuerdo y aferrarnos a ellos. A muchos adolescentes les gusta ponerse la ropa del hermano ausente, dormir en su cama, escuchar música en su cuarto. Hay quien deja la habitación tal y como se quedó, las cosas en el mismo sitio; no sacamos su ropa del armario, o no cambiamos el nombre del titular de los recibos, nos gusta recibir la correspondencia dirigida a la persona que se ha ido. Son los *objetos transicionales*; los llamamos así porque nos ayudan a que la transición resulte menos dura.

No existe una norma; lo que es bueno para una persona puede no serlo para otra. No es bueno desprenderse de todo rápidamente para no recordar; hay personas que lo lamentan con el tiempo. Pero tampoco es bueno tener las cosas indefinidamente en el mismo sitio.

Márcate un tiempo para ir desprendiéndote progresivamente de sus cosas. Toma conciencia de qué es eso tan importante que ese objeto te suscita. Ponle palabras, que los objetos te sirvan para expresar tus emociones, los recuerdos que «contienen». Cuando estés preparado, decide qué quieres guardar y de qué quieres desprenderte. Algunas personas de tu entorno se sentirán agradecidas de tener un objeto de recuerdo, piensa también en ellas. Tal vez te gustará saber que las conservan otras personas importantes de su vida. Puedes regalar la ropa a quien la necesite.

No te desprendas de todo sin pensarlo bien; es posible que la gente de tu entorno te presione. Deja que tu corazón te diga qué es lo mejor para ti. No existe una regla, y no es cierto que guardar objetos signifique necesariamente hacer un mal duelo o «no querer dejar ir».

PENSAMIENTOS Y CREENCIAS
DE EVITACIÓN-NEGACIÓN

Hay pensamientos que funcionan como supresores del sufrimiento. La negación total o parcial de la muerte es un ejemplo.

Mi hijo desapareció en una expedición científica en la Antártida. Durante una tormenta, no se sabe cómo, parece ser que se cayó del barco. Nadie vio nada, no se ha encontrado el cuerpo y no hay ningún indicio de lo que pudiese haber ocurrido. Han pasado dos años y me niego a creer que esté muerto, no es posible. Era muy fuerte y luchador. Yo creo que alguien lo rescató de las aguas congeladas; dicen que había más barcos por la zona. Mis hijas me dicen que no, que está muerto y que deje de pensar ya. «¿Por qué no ha llamado si está vivo?», me dicen. Pero yo creo que a lo mejor tiene amnesia y no recuerda quién es... Existen historias así. Hay alguna posibilidad de que sea así, ¿verdad? ¿Por qué no ha podido pasarle a él...?

La negación total de la muerte es frecuente cuando no se encuentra el cadáver. «¿Cómo puedo aceptar que ha muerto si no tengo ninguna prueba?» De hecho, los rituales como los funerales son siempre un paso para la aceptación del hecho de la muerte. Poder despedirse y ver los restos, sobre todo en casos de muerte repentina, ayuda a admitir la realidad.

Cuando no se puede negar la realidad, algunas personas hacen negaciones parciales: por ejemplo, imaginan que vuelve, lo buscan entre la gente o fantasean con que está vivo en alguna parte.

Esto es frecuente sobre todo en las primeras etapas posteriores a la muerte.

Hay personas que aceptan la muerte, pero una manera de minimizar el impacto consiste en racionalizar: «Todos tenemos que morir, ¿para qué llorar si eso no me lo devolverá», o sublimar: «Ya está con Dios, mejor ahora que más tarde», «ya no sufre», «ha tenido una larga vida». Todas estas afirmaciones pueden ser ciertas, algunas sin duda lo son, y posiblemente te ayudarán a aliviar el sufrimiento. Está bien recurrir a ellas durante un tiempo o de manera puntual para sobrevivir al dolor intenso.

Otras personas en duelo se escabullen a un lugar de fantasía donde se encuentran con el ser querido.

Estoy bien, la verdad. De hecho, es como si mi hermano no hubiese muerto: lo veo, ya sé que parece extraño, pero cada día hablo con él, lo siento a mi lado y es como si estuviese conmigo desde que me levanto hasta que me acuesto.

NOTAS DEL TERAPEUTA
Una sesión sobre fantasías de negación

Hoy, en la consulta, Alfonso me explicaba que últimamente sueña que ella está viva en algún lugar lejano. Le escucho con interés, manteniéndome en el punto justo entre no confrontarlo y no confirmarle la fantasía, con el fin de poder analizar la función de esta negación.

—Y si estuviese viva, ¿qué? —dispara Alfonso—. ¿Por qué no puede ser que esté viva, que no haya muerto?

(«Porque no, porque tú la viste morir, murió en tus brazos, ¿recuerdas?», pienso para mis adentros.) Y respondo:

—Sería muy bonito, ¿verdad, Alfonso? Explícame qué es eso que piensas.

—Lo pienso a menudo. Ella está muy lejos, viva, y un día aparece aquí, de noche, cuando todos estamos durmiendo. Entra en mi habitación y me despierta: «Estoy viva», me dice. Después, como no puede ser que la gente nos vea, quiero decir a ella, yo digo a todo el mundo que me voy a dar la vuelta al mundo. Y nos vamos los dos lejos, bien lejos...

—Vaya, Alfonso, ¡qué bonito! Eso te haría muy feliz, ¿verdad? —pregunto con tono entusiasmado, en sintonía con el suyo.

—Empezaríamos una nueva vida, sin enfermedades ni obligaciones, disfrutando de estar juntos y de querernos.

—Sería fantástico, ¿verdad?

Hago un silencio. Después de validar es necesario un silencio.

—¿Y por qué no puede ser? Dímelo tú... ¿Es que no hay ninguna posibilidad, por muy infinitesimal que sea?

(Pienso y callo. «No, no hay ninguna. Alfonso, sé racional.»)

—¿Cómo sería esa posibilidad infinitesimal, como qué, Alfonso? —pregunto.

Él piensa un momento.

—Pues... como que el Betis gane la Liga. Puede ser, ¿no?

Contengo la sonrisa y le pregunto seria:

—Entonces, cuando contemplas esa posibilidad infinitesimal, que seguro que existe, de que el Betis gane la Liga, ¿cómo te sientes?

Suspira profundamente.

—Es como si pudiese descansar de mi dolor, unas pequeñas vacaciones, ¡por favor!

—Y ese dolor que necesita vacaciones, ¿qué diría si estuviese activo?

—¡Que no puedo vivir sin ella! Que la vida ya no tiene sentido para mí, que voy de aquí para allá para distraerme, para no echarla de menos, para no sentir el vacío que me ha dejado.

—Entonces, fantasear con que ella está viva te ayuda a...

—¡A no sentir todo eso que no quiero sentir!

—¡Oh! ¡Qué importante es lo que dices! ¡Y tiene tanto sentido, Alfonso! Que sueñes que está viva... así no tienes que sentir todo eso que no quieres sentir... Háblame de lo que no quieres sentir.

Los pensamientos y las fantasías de Evitación-Negación son necesarios y conceden una tregua a nuestro dolor. Pero no podemos quedarnos soñando permanentemente: el duelo no se resuelve pensando, sino viviéndolo, experimentándolo, y por eso tenemos que conectar con la parte emocional. Las personas que utilizan la cabeza en exceso, su parte mental, para responder al duelo acaban manifestando brotes de angustia, o bien se ven obligadas a mantener la hiperactividad física o mental para controlar la ansiedad. El dolor tiene que salir y ser expresado, y la coraza cognitiva de creencias de negación, cuando la presión del dolor es excesiva, se agujerea. Y entonces el dolor sale a presión: eso es una crisis de ansiedad.

Según mi experiencia, los ataques de angustia se suavizan y desaparecen cuando la persona comparte y libera sus sentimientos de enfado y de miedo. He visto muchos casos con ataques, palpitaciones, sensación de descontrol, e incluso desmayos, que después de participar en unas sesiones del grupo de apoyo en el duelo, donde se da permiso y se fomenta la expresividad emocional (llanto, pena, miedo o enfado), gradualmente dejan de producirse.

Por supuesto, no estamos hablando de personas con antecedentes de ansiedad anteriores a la pérdida. En esos casos resulta recomendable buscar el apoyo especializado individual de un profesional experto.

SOBORNAR A NUESTRO CUERPO

Todos los días, a última hora de la tarde, repito el mismo ritual. Llego a casa agotada del día, tiro las cosas en la entrada, voy a la cocina y me preparo un gran bocadillo acompañado de una cerveza. Me siento en el sofá, delante de la tele; puedo quedarme así comiendo y bebiendo hasta las dos de la madrugada.

Tal vez seas una de esas personas que cuando no puede tolerar las sensaciones incómodas opta por sobornar al cuerpo con comida, bebida, tabaco u otras sustancias.

De hecho, todos lo hacemos en mayor o menor medida, ¿verdad? Tenemos muchas maneras de anestesiar el cuerpo: por ejemplo, comer en exceso, sobre todo chocolate y grasas. Todo lo que favorezca una digestión pesada hace que la sangre tenga que irrigar de manera intensa el estómago, cosa que provoca de inmediato una sensación de mitigación de la pena, de la tristeza, del malestar.

Hay quien soborna al cuerpo con medicación, ya sean antidepresivos o ansiolíticos; otros se mantienen activos constantemente con actividades más conscientes, estando siempre ocupados, o inconscientes, con movimientos continuos de las manos, tics, gestos... Hay posturas corporales que alivian el dolor: contraer la espalda e inclinarla hacia delante, cerrar la caja torácica...

Presta atención a tu postura corporal, cómo la espalda se encorva tratando de compensar el dolor que sientes en el pecho, o bajando la cabeza. Si expresas tu dolor, no te ocurrirá nada de esto.

Alcohol

Una de las tentaciones que puedes tener después de perder a un ser querido es anestesiar tu dolor con alcohol o algún otro tipo de droga. El alcohol tiene dos efectos compensatorios: anestesia a las personas con mucho dolor, y facilita la expresión emocional a las personas con una coraza protectora rígida.

¿Abusas del alcohol con frecuencia, ya sea los fines de semana o a diario? ¿Desde la muerte de tu ser querido fumas de manera indiscriminada, a todas horas? ¿Has empezado a automedicarte para dormir o para sobrellevar la jornada?

Es natural y es humano... y es cierto que aparentemente te

sientes aliviado, pero es muy peligroso. Ese alivio es temporal, y de ninguna manera puede resolver el dolor y la añoranza. Después del consumo, la depresión aumenta y, además, con el tiempo se convierte en un hábito, te vuelves tolerante y necesitas ir aumentando la dosis. No sabes cómo, pero pasan unos meses y no puedes dejarlo. Las consecuencias de las adicciones para la salud física y psicológica de las personas en duelo pueden ser devastadoras. Evidentemente, no estamos hablando del uso adecuado del alcohol, cuando socializamos o en un día de fiesta.

Las personas con problemas con el alcohol no pueden recibir ayuda en su proceso de duelo hasta que se liberan del hábito. Participar en un grupo de apoyo al duelo mientras se consume alcohol, cannabis u otras sustancias resulta contraproducente: el alud de sentimientos que se despiertan al compartir con el grupo no hará más que aumentar el riesgo de consumo. Antes de participar en un programa de apoyo al duelo es preciso llevar limpio como mínimo un año, y es recomendable hacer un seguimiento individualizado adecuado. Primero, hay que tratar la adicción; después, el duelo.

Comida

Es posible que estés comiendo mucho más que antes, o también mucho menos. Cuando la pérdida es muy reciente, lo habitual es perder peso. Las emociones provocan un nudo en la garganta y resulta difícil digerir cualquier alimento. Es normal, no debes preocuparte. No comer es un anestésico corporal, igual que comer mucho. En momentos más avanzados del duelo, muchos aumentan de peso. El problema se da cuando han pasado unos meses o unos años, y la persona se instala en el sobrepeso. En ese caso es preciso pedir ayuda.

El efecto del sobrepeso en tu salud puede ser muy negativo. Es importante que tomes conciencia de que guarda relación con tu duelo no resuelto, que es una manera de controlar tu angustia, de anestesiar tu dolor. Aceptar que tienes un problema y pedir ayuda es el primer paso hacia la curación. Y lo mismo sucede con el tabaco y las drogas.

Aceptar que tienes un problema y pedir ayuda es el primer paso hacia la curación.

No podemos estar conectados al dolor de manera permanente; de forma natural buscamos cosas que nos distraigan. Es sano y natural. Todas las respuestas que hemos descrito producen un alivio temporal del dolor, pero evitar el dolor a la larga no lo resuelve, solo lo pospone o lo transfiere a otros, a través de conductas como el enfado, la sobreprotección o la negligencia.

Cada persona necesita su tiempo, es cierto, pero si nos abrimos al dolor de manera gradual, y nos permitimos sentir y expresar, cada vez necesitaremos menos estrategias inhibidoras. Elaborar el duelo es abrirse a la experiencia de sentir emociones, y eso será posible poco a poco sin el miedo a desbordarse o a creer que nos volveremos locos. Es como ir al gimnasio: con los meses vas utilizando pesas un poco más grandes. Empiezas con breves momentos de expresión, te permites sentirlos, y con el tiempo los músculos emocionales se fortalecen y tienes más capacidad para abrir y cerrar el grifo, además de hacerlo de una manera más consciente. El siguiente capítulo te ayudará a avanzar en este camino.

Acabemos con un último testimonio. ¿Recuerdas el primero? Allí describimos una Navidad para evitar la emotividad; ahora este testimonio nos habla de una persona que al final de su vida decide no huir de sus emociones.

Una Navidad para sentir

Seguramente, esta será mi última Navidad. Lo intuyo, así que he decidido vivirla intensamente, y eso significa que no voy a huir de las cosas emotivas como siempre he hecho. El gran regalo ha sido la visita de mi hijo, que esta vez ha venido una semana antes para poder estar juntos. Ya tiene veintisiete años, y lleva dos en terapia. En los últimos correos me explicaba su enfado por el pasado, y lo he animado a que hablemos. Sus escritos supuraban rabia y reproches. La verdad es que yo me sentía un poco aprensivo por cómo iría todo, pero esta vez no he querido hacer como si no pasara nada. Tengo que aprovechar el tiempo que me queda. De hecho, cuando lo he visto solo he sentido montañas de amor hacia él. ¡Cuánto se puede llegar a querer a un hijo! Cuando por fin hemos podido quedarnos solos, lo he animado a que me dijese lo que necesitaba decir: me ha hablado de la rabia que sentía contra mí cuando era niño y del terror que había sentido al darse cuenta de sus sentimientos; de su duelo por una infancia perdida y de las maneras en que le fallé como padre. Me ha preguntado cosas que nunca se había atrevido a preguntar: «¿Por qué no estabas nunca? ¿Por qué cuando estabas siempre parecías distraído o cansado? Después te pusiste enfermo y ya no podía estar enfadado contigo. Me sentía culpable y asustado por mi enfado hacia ti». Y todo eso sentados frente al fuego del hogar: nunca en mi vida había escuchado a alguien con tanta atención. He reconocido todo lo que me ha dicho y lo he animado a sacarlo todo. Esta vez no me he justificado. Cuando hemos acabado, estábamos bastante cansados, nos hemos abrazado y hemos llorado juntos. Ni él ni yo hemos intentado huir de nuestras emociones. Le he agradecido el valor de decirme todo eso. Es posible que sea mi última Navidad, lo siento en este cuerpo torpe que ya no me responde y en las miradas de los que me rodean, pero sin duda habrá sido la mejor de mi vida.[13]

Capítulo 7
CUIDAR DE UNO MISMO: MOMENTOS AVANZADOS

No te impacientes ante todo aquello
que todavía no está resuelto en tu corazón.
Trata de amar las preguntas
como si fuesen habitaciones cerradas
o libros escritos en un idioma extraño.
No busques ahora las respuestas:
no te pueden ser dadas
porque no las podrías vivir.
Ahora se trata de vivirlas;
vive las preguntas y tal vez, después,
poco a poco y sin darte cuenta,
un día lejano vivirás la respuesta.

Rainer Maria Rilke, *Carta a un joven poeta*

Avanzas paso a paso, no hay atajos por más que quieras que el tiempo pase rápido. El duelo tiene su propio ritmo. Sabes que lo que te espera es difícil y que cada día será un nuevo reto. Abrazar tu experiencia, vivir las preguntas que te planteas... debes hacerlo todo al tiempo que te cuidas. Puedes encontrar el equilibrio entre concederte permiso para descansar cuando lo necesites y abandonarte al malestar, y a la vez cuidar de ese abatimiento haciendo un esfuerzo de superación si ves que te impide avanzar. Empezar a cuidarse significa responsabilizarse del impacto de tu duelo en las distintas dimensiones de tu vida. Es preciso marcarse propósitos sencillos y asequibles, reconociendo los propios límites. No puedes hacerlo de golpe, la recuperación es lenta y se necesita tiempo.

En el capítulo 4 hemos visto algunas estrategias que te ayudarán en los primeros momentos del duelo. Ahora te ofrecemos algunos consejos para superar una fase más avanzada. Recuerda que no todo es para todo el mundo; hay cosas que funcionan para unas personas y para otras no. Son guías para el camino: toma aquello que te resulte adecuado, lo que sientas desde el corazón que puede irte bien.

Ahora, las dimensiones que debes cuidar más son la emocional-relacional y la cognitiva-mental, pero sin olvidar las demás, por supuesto. También es el momento de empezar a abrirte a los aspectos existenciales y espirituales.

TUS EMOCIONES Y TUS RELACIONES

¿Estar solo o sentirse solo?

Es posible que te sientas solo a pesar de estar rodeado de otras personas. Sabes que no es así porque, seguramente, hay gente que te quiere y se preocupa por ti. Pero si te resulta difícil compartir tus emociones, pensamientos y sentimientos, te sientes solo a pesar de la presencia de los demás. Ya hemos hablado de la importancia de que tengas amigos de confianza, que te escuchen y te acompañen especialmente en los momentos difíciles.

Si tienes que realizar alguna actividad social, es recomendable que no vayas solo, y que pidas y te concedas permiso para irte si te resulta difícil estar presente. Ver cómo los demás se divierten mientras tú tienes el corazón roto es un contraste que duele demasiado. Además, no querrás amargar la fiesta a nadie. Si avisas con antelación de la posibilidad de que desaparezcas en medio de la fiesta, podrás hacerlo sin sentirte mal por ello. Seguramente, quienes te rodean serán muy comprensivos.

Dedica unas horas cada semana a estar solo. Existe un grado de soledad necesaria para construirnos como personas. El aislamiento nos permite establecer un diálogo profundo con nosotros mismos, con los acontecimientos de nuestra vida y con los recuerdos, las emociones y los pensamientos. Ese diálogo se nutre de silencio, de la distancia que tomamos con respecto a los ruidos internos y externos. Un cierto grado de soledad es indispensable en los momentos de aflicción. Muchas personas afirman que de vez en cuando les gusta acudir a algún lugar aislado, en silencio, donde pueden descansar y pensar. El silencio siempre es fértil, no lo dudes.

Nunca estamos solos del todo: allá donde vamos nos llevamos todas las relaciones interiorizadas, los acontecimientos de la historia de nuestra vida, partes distintas de nuestro yo que amueblan nuestra mente como si fuera una casa. Es así como podemos iniciar ese diálogo, examinando las preguntas, las respuestas, las emociones, los recuerdos, siguiendo el hilo para ver hasta dónde nos llevan. Es un ejercicio que tendremos que practicar a menudo, aunque nos provoque incomodidad o nos dé pereza. Enfrentarnos a nosotros mismos no es tarea fácil, sobre todo porque nos hemos habituado a estar inmersos en un mundo de ruidos y estímulos que nos empujan a vivir varios metros de distancia de nosotros mismos.

Si eres capaz de practicar ese diálogo interior con tu propia historia, nunca te sentirás solo.

¿Sentirte solo o sentirse abandonado?

Una cosa es que te sientas solo y otra es que te sientas abandonado. Los sentimientos de soledad guardan relación con uno mismo, son un reflejo de la falta de capacidad de autoobservarse y establecer contacto con las distintas partes de nuestra identidad. Se trata de la soledad fruto de nuestra incapacidad de estar en intimidad con nosotros mismos.

El sentimiento de abandono refleja algo distinto que tiene que ver con los demás: sentirte rechazado por tu entorno, por aquellos de los que esperabas apoyo, comprensión, una mano amiga... Es posible que a raíz del duelo muchas personas se distancien por no saber cómo acercarse a ti. Más adelante, algunas te dirán: «No me atrevía a decirte nada, no tenía palabras, pero pensaba mucho en ti». Otras, sencillamente, ni piensan. También es posible que muchas estén a tu lado y tú, desde tu dolor y tu enfado, no las veas. Sentir que tu dolor no impacta sobre tu entorno te provocará malestar y será como un segundo duelo. Es lo que llamamos *pérdida acumulada* o *secundaria*. Además del duelo por la muerte de un ser querido, tendrás el duelo añadido de ver cómo algunas personas se distancian, o dicen cosas inadecuadas, o te culpabilizan de algo. Es cierto que todo eso hace mucho daño. En algunos casos, el duelo va acompañado de un cambio de amistades. Ten en cuenta que nadie los ha enseñado a acompañar, a escuchar.

Es posible que tú mismo, cuando repases tu pasado, te des cuenta de que hiciste lo mismo con algún allegado. Ten paciencia, incluso con aquellos que crees que te han hecho más daño. Recuerda que no eres la única persona que sufre y que son muchos los que viven duelos escondidos de los que no han hablado nunca.

Si tu sentimiento de abandono es muy intenso, si realmente te ves rechazado por los demás, sea real o no, conviene que busques ayuda especializada. Sobre todo si ese sentimiento de abandono te resulta familiar, si ya lo has experimentado otras veces, en otras pérdidas o situaciones difíciles de tu vida. Cuando los sentimientos de alienación son muy intensos, es posible que sus raíces sean anteriores a la pérdida y que esta no haya hecho más que reactivarlos. Si es tu caso, es necesario que busques apoyo terapéutico. En ocasiones, una pérdida destapa otra del pasado, y eso es un peligro si no podemos elaborarlo, pero también supone una oportunidad de cambio profundo.

Busca un grupo de apoyo en el duelo

Ahora necesitas a los demás para compartir tu vida emocional. Necesitas tener al lado a personas abiertas a escuchar tus recuerdos, tu necesidad de hablar de tu ser querido. Si ves que con tu red habitual de amigos y compañeros no es suficiente, y que pasa el tiempo y sigues con la misma intensidad de emociones difíciles, busca un grupo de apoyo para personas en duelo. Es un buen recurso para no agotar a nuestros amigos y familiares. La ventaja de estos grupos es que como no conoces a los demás, puedes expresar todos tus sentimientos sin preocuparte de hacer daño o de excederte.

Es importante que el grupo esté dirigido por una persona experta en duelo que garantice que la confidencialidad y el respeto son normas obligatorias. Eso te dará la seguridad de poder expresar todos tus sentimientos y pensamientos, por más intensos o irracionales que sean.

En el grupo encontrarás personas como tú. Podréis compartir y ayudaros mutuamente: son muchos los que necesitan ayuda, y conocer en primera persona la experiencia de alguien puede facilitar su propia vivencia a otros. En el grupo aprenderás a escuchar, a sentirte seguro con las emociones ajenas, a no tenerles miedo.

Las personas que han participado en un grupo de apoyo emocional afirman que lo aprendido les ha servido para toda la vida.

Crea en tu casa un espacio para sentir y recordar

Una recomendación que hago a las familias en duelo es que creen en su casa un lugar especial para poner los objetos de recuerdo, que simbolice el espacio destinado a no olvidar. Puede ser un rincón en el comedor o en tu dormitorio. Coloca una o varias fotografías que puedas cambiar regularmente, algún objeto significativo, una vela o unas flores..., como prefieras. Te recomiendo que, si tienes espacio, pongas una silla y una libreta para que quien quiera (ya sea alguien de casa o las visitas) escriba sus pensamientos o sentimientos. Si hay niños en la familia, pueden hacer dibujos, escritos o compartir sus inquietudes. La idea es que todos los miembros de la familia sepan que aquel rincón es el espacio del recuerdo, donde se da permiso para sentir y expresar emociones. Y todos lo respetaréis: si alguien entra en ese espacio, ya sabe que tiene permiso para afligirse y expresarlo. Cabe la opción de planificar un día a la semana, o una hora específica cada día (sobre todo si la pérdida es reciente) para que el que quiera se acerque a participar en un momento de plegaria si sois creyentes o para estar juntos recordando en silencio.

Los niños aprenden rápido que aquel es el espacio para recordar a la persona fallecida, y que fuera de allí hay que seguir con la vida normal, hacer los deberes, vivir el presente y atender las obligaciones, reír y disfrutar de la vida. Al regular el espacio también ofrecemos un modelo de cómo regular nuestras emociones: esa es la mejor lección para nuestros hijos. Esa capacidad de diferenciar es fundamental para hacer un duelo saludable. Los niños en particular deben aprender que es tan necesario estar en el dolor en algunos momentos como estar fuera de él, responsabilizarse de la vida y disfrutarla. Si separamos los espacios en casa, facilitamos esa tarea.

Existen familias que llenan de recuerdos cada rincón. Recuerdo a una madre que había empapelado las paredes de su habitación con fotos de su hijo, además de forrar los cojines del sofá con tela que llevaba su imagen. Allá donde dirigías la mirada, estaba él. Otras familias retiran todo, tiran las pertenencias, se deshacen de la ropa inmediatamente y esconden las fotos. No se ve nada en la casa que indique que allí vivía la persona fallecida. A mi entender, ninguna de las dos opciones es adecuada... Estar en contacto permanente con la experiencia y con la pérdida o evitarla constantemente no es saludable. Hacer un buen duelo implica la capacidad de separar los dos espacios, el de recordar y el de olvidar. Necesitamos los dos; seguramente, en los primeros momentos del duelo precisaremos más olvidar, y en momentos más avanzados nos irá mejor recordar y permitirnos sentir. Tener en casa esos espacios diferenciados te ayudará muchísimo.

Recuerda que hay otras personas en duelo que también querían a la persona fallecida

Ten presentes también las emociones de los demás. A veces olvidas que hay otras personas que querían al fallecido y que necesitan ser escuchadas. No se atreven a hacerlo delante de ti, por temor a compararse. Las tías, los primos, los cuñados, los abuelos, los amigos especiales o incluso los vecinos... todos llevan un rincón en su corazón lleno de amor hacia la persona que os ha dejado. Préstales atención, escucharlos también te hará bien. Tu ser querido no era «tuyo»: tenía relaciones cercanas con muchas otras personas. ¿Te has planteado la posibilidad de que ellos también necesitan tu pésame? Hacerlo te dará la oportunidad de descubrir cosas de la vida de tu ser querido que desconocías, tanto si era un adulto como un anciano, un adolescente o un niño. Compartir con aquellos que lo querían te ayudará a darte cuenta de que aunque ya no está, puedes sentirte unido a él a través de los demás.

Compartir tus sentimientos con aquellos que han querido al fallecido te permitirá dar más valor a lo que habéis vivido juntos.

Practica alguna actividad física, ocúpate de una mascota, cuida algunas plantas

Las emociones se viven en el cuerpo. El miedo, el enfado y la tristeza producen tensión muscular, y esa tensión sostenida en el tiempo puede llegar a provocar cambios posturales, dolor de espalda o calambres. Por tanto, todo lo que hagas para mejorar la parte física te ayudará también emocionalmente. Las actividades que exigen esfuerzo y concentración pueden reducir el nivel de estrés. Algunas personas en duelo encuentran alivio practicando la jardinería, u ocupándose de una mascota, o realizando algún proyecto manual creativo. Son actividades que exigen dedicación, ralentizan nuestro ritmo y rompen con el aislamiento, porque te ponen en contacto con la naturaleza o con otras personas. Por ejemplo, pasear a diario, observar cómo crece una planta o admirar la belleza de un paisaje con el paso de las estaciones son experiencias que nos conectan con el ciclo de la vida y la no permanencia.

Después de una muerte, algunas familias deciden comprar un animal de compañía, por ejemplo, un perro. Eso obliga a dar paseos diarios, a cuidar del animal y a relacionarse con él. Está demostrado que tener un perro puede ser una gran ayuda para los adolescentes con depresión.

LA DIMENSIÓN COGNITIVA-MENTAL

Aparte de la dimensión emocional de tu vivencia, también debes tener en cuenta los aspectos más cognitivos, analíticos y mentales. Es cierto que la parte emocional pesa mucho, pero somos seres pensantes, y comprender lo que nos está sucediendo nos ayudará en el camino de recuperación.

Lee libros sobre el duelo y las pérdidas

Muchas personas en duelo encuentran consuelo en la lectura de obras testimoniales, o con consejos y explicaciones sobre el proceso de duelo. En el mercado existen manuales pensados para las primeras fases, cuando a la persona le resulta difícil concentrarse y solo puede asimilar información sencilla y breve, y también libros más elaborados que resultan útiles para aquellos que necesitan saber y entender cómo es la experiencia y cómo la pueden abordar con más recursos. La lectura tiene un efecto normalizador y también de cura emocional: nos sentimos identificados con los sentimientos y testimonios de otros que han pasado por una experiencia similar a la nuestra.

Actualmente, disponemos de abundante bibliografía adaptada para jóvenes y adolescentes. Dedicar un tiempo a leer juntos es bueno para ellos y para ti. La lectura compartida, sobre todo con niños pequeños, es una oportunidad para poner de manifiesto emociones, recuerdos y pensamientos, además de ser un tiempo único que pasamos con nuestros hijos y que ellos recordarán siempre.

Elabora una lista de cosas positivas que te ha dado la vida

Tenemos tendencia a pensar en las cosas que la vida nos quita, lo que teníamos y ya no está, y no recordamos que esas relaciones nos han sido dadas de manera gratuita. Si haces balance de lo que te ha dado y lo que te ha quitado la vida, te sorprenderá: la vida te ha regalado mucho más de lo que te ha arrebatado, el balance siempre es a nuestro favor.

Si hace poco tiempo que estás de duelo, si la muerte de tu ser querido es reciente, posiblemente no estarás en condiciones de elaborar esa lista: ahora, lo único que ves es lo que has perdido, y las emociones son demasiado intensas para pensar en las cosas positivas que todavía disfrutas. Más adelante, cuando hayas superado la fase de choque y negación, y vayas tolerando mejor tus emociones, podrás empezar a valorar las cosas buenas que la vida te da cada día. La familia, los amigos que te quieren, tu capacidad de disfrutar de un paisaje, la sonrisa de un niño, el placer de una comida compartida...

Tu capacidad de amar continúa intacta.

Amplía tu lista con algún objetivo a largo plazo

Hacer el duelo significa vivir la vida en honor a la persona que nos ha dejado; seguir viviendo todos los días y hacerlo de la manera más digna, más significativa y más en consonancia con lo que era nuestra relación. ¿Cómo desearían él o ella que creciésemos? Cuando piensas en ti mismo dentro de unos años, ¿cómo quieres verte? ¿Qué te gustaría haber mejorado? ¿Qué desearías estar haciendo? Esos cambios pueden ser internos o externos.

No es necesario que sean grandes cosas: los logros más importantes de la vida son los que uno hace sobre sí mismo.

Puedes crear una lista con esos objetivos a largo plazo; son sueños que pueden dirigirte y darte esperanzas, como un faro que nos guía en la buena dirección. Cuanto más avances en el proceso, más fácil te resultará.

Escribe un diario

Llevar un diario puede beneficiarte de diferentes maneras. Escribir sobre ti mismo es una manera de acercarte a tu mundo interior, estructurar tus pensamientos y sentimientos, y facilitar su asimilación. Ponerles nombre también te permitirá observarlos desde cierta distancia, y eso te aportará una cierta sensación de control. También es una buena herramienta para desenmarañar estados de confusión, como quien deshace un nudo y se da cuenta de que no hay más que una sola cuerda. Un diario, además, es un registro que te permitirá evaluar los cambios que vas haciendo a medida que pasan los meses y los años. Ver cómo avanzas con el tiempo te producirá satisfacción. Aunque sean cuatro líneas diarias, anotar tus decisiones, tus dudas y tus actos, cómo cuidas (o no) de los diferentes aspectos de tu vida, te ayudará a identificar el origen de los días bajos, y a encontrar maneras y recursos para prevenirlos.

Escribir asimismo te permitirá explorar las tareas de duelo que irán surgiendo. Este libro te ofrece la posibilidad de llevar un diario sobre tus reflexiones. Mantenlo en el tiempo y anota pensamientos e ideas sobre tu camino, las cosas que vas aprendiendo, las dificultades, los retos y también, por qué no, las caídas.

Escribir cada día es además un pequeño ritual que te obliga a parar y estar atento a todo lo que te sucede a nivel interno: poner nombre a las sensaciones, buscar los adjetivos precisos para expresar tus sentimientos, no apartar los recuerdos, darles cabida...

A algunas personas les ayuda escribir un diario epistolar dirigiéndose al fallecido. Aunque despierta emociones intensas, es una manera poderosa de mantener vivo el vínculo y seguir expresando afecto. Recuerda que la persona ha muerto, pero nuestra capacidad de relacionarnos continúa. Son muchos los que expresan que pueden sentir el afecto del que se ha ido y mantener viva la relación en su corazón con ese diálogo interno.

LA DIMENSIÓN EXISTENCIAL Y ESPIRITUAL

Todas las personas tenemos una dimensión espiritual, aunque no queramos reconocerla o la expresemos de diferentes maneras. La búsqueda del significado de la vida, de quién soy yo, qué he venido a hacer aquí, cuál es la razón de ser del sufrimiento y el misterio de la muerte son preguntas que todos nos planteamos tarde o temprano. El golpe por lo que nos ha ocurrido sitúa esas cuestiones en un primer plano, y cada uno intenta responderlas a su manera. Ocuparse de la parte existencial o espiritual del duelo significa prestar atención a la manera de contestar esas preguntas y cómo las respuestas cambian o cambiarán con el tiempo, a medida que seguimos la experiencia de nuestro duelo.

Muchas cuestiones referentes a la existencia humana no tienen respuestas racionales, y las respuestas de una persona no sirven para otra. De hecho, el camino de búsqueda para profundizar en estos interrogantes es el que da sentido a la existencia.

El significado del sufrimiento humano se encuentra cuando uno realiza el camino para ayudar a aliviarlo.

VICENT FERRER

Para muchas personas religiosas, el duelo supone un reto porque sacude el edificio de su fe:

- «¿Por qué tiene que morir un bebé? Si Dios es bueno, ¿por qué permite el sufrimiento?»
- «Si para los creyentes la muerte es la puerta hacia la vida eterna, ¿por qué la vemos como una desgracia tan grande?»

Los practicantes de cualquier religión tienen dudas; las pérdidas les llevan a reconsiderar sus creencias y también cuestionan su vigencia.

Tanto si te consideras creyente como si no, dar sentido a lo que te ha pasado, ya sea desde una posición existencialista, humanista, espiritual o religiosa, forma parte indispensable de tu proceso de recuperación. A continuación te presentamos actividades y propuestas que pueden ayudarte.

Busca cosas que te nutran espiritualmente: música, literatura, arte...

Realiza alguna actividad que potencie tu creatividad artística, sobre todo en relación con la expresión de tu vivencia interna a través de la acción simbólica. Escritura creativa, dibujo, música... todas estas actividades nos ayudan a expresar aquello para lo que no tenemos palabras. El arte nos acerca al misterio de la vida y de la muerte, y nos permite hacerlo desde el corazón y no desde la intelectualización. En ocasiones, nos resulta más fácil escuchar una música emotiva y permitirnos sentir que hablar. El alimento del alma nunca llega desde la razón.

Cuando disfrutamos de la obra de otra persona, nos acercamos a la experiencia humana profunda de la belleza, del amor, de la naturaleza, de la pérdida, y podemos sentirnos conectados con el resto de la humanidad. No en vano, la palabra *empatía* se utilizó por primera vez para designar la capacidad de observación y de conexión con el arte. Las emociones compartidas a través del arte nos ayudan a sentir que formamos parte de una comunidad universal en la que todos gozamos de una misma esencia humana.

Practica el silencio o la contemplación

El silencio te ayudará en dos aspectos: a prestar atención a tu respiración y a tomar conciencia de que tú no eres tus emociones ni tus pensamientos. Ambos aspectos están relacionados. Al prestar atención a tu respiración, aprenderás a poner distancia entre tú y tus pensamientos o sentimientos. Fomentarás la observación de ti mismo en medio de la tormenta y te darás cuenta de que constantemente estás opinando, juzgándote o juzgando a los demás, y del caos de tus pensamientos y sentimientos ante lo sucedido.

La práctica del silencio y estar presente con plena conciencia pueden ser herramientas útiles en tu camino. Todos tenemos una parte del yo que denominamos *observador*, capaz de mirar a la otra parte y opinar sobre ella. Eso nos permite no identificarnos del todo con lo que sentimos y pensamos. Al prestar atención a esos sentimientos difíciles en lugar de evitarlos, les damos una perspectiva que hace que se atenúen. Y entonces podremos ver otras opciones. La atención plena a las sensaciones de nuestro cuerpo es una valiosa ayuda que nos permite aliviar síntomas como la angustia, los pensamientos obsesivos o el miedo.

Crea un espacio sagrado en tu casa

Hemos hablado de la necesidad de crear un espacio de recuerdo en casa donde podemos permitirnos sentir, recordar y expresar nuestro dolor. Ese espacio también puede ser el terreno en el que, permitiéndonos sentir el dolor de la muerte de nuestro ser querido, depositemos las preguntas existenciales que la pérdida despierta: «¿Qué sentido tiene mi dolor?», «¿Existe la posibilidad de un reencuentro?», «¿Qué es la muerte?». Puedes convertir ese espacio en un lugar sagrado para colocar en tu corazón esas preguntas y buscar las respuestas no de manera racional o intelectual, sino desde la propia experiencia. El silencio y el dolor vivido pueden ser el fermento de tu espiritualidad. La esperanza de un reencuentro y el significado profundo de nuestra existencia se verán reforzados a través de la práctica en ese lugar donde dejamos reposar las preguntas. Con el silencio, las respuestas irán surgiendo desde el corazón.

Rituales y ceremonias

Un aspecto que caracteriza a los seres humanos de todas las culturas y de todas las geografías es la importancia de los rituales. Existen pruebas antropológicas que demuestran su papel en las transiciones significativas de los seres humanos, especialmente en lo que respecta a la muerte, incluso antes de que apareciese la escritura.

Los rituales facilitan la expresión gestual de aquello para lo que no tenemos palabras. Para muchas personas en duelo, verbalizar los sentimientos, los recuerdos y las emociones es algo muy difícil: las palabras se quedan cortas, el poder de expresión del lenguaje es muy limitado. De hecho, el modo de comunicación preferido por el cerebro emocional es el lenguaje de las imágenes, las fantasías, las metáforas, los símbolos... Por eso, en las comunidades ayuda la preparación de rituales o ceremonias que favorezcan esa expresión compartida cuando alguien muere, especialmente si se han producido pérdidas múltiples (por ejemplo, en un accidente). La fuerza de un ritual es muy poderosa, lo recordamos toda la vida.

En los rituales, el significado se comparte con el grupo. El significado que el ritual otorga a la experiencia no es, en general, explícito; no resulta evidente. De hecho, la vivencia del ritual se experimenta en el límite de la conciencia; el ritual abre un diálogo entre lo consciente y lo inconsciente, y los significados pueden darse de manera compartida. Ahí radica su fuerza. El acto o el gesto que realizan el individuo o la comunidad permiten a la persona observar su experiencia desde una nueva perspectiva, ya que se abren espacios a nuevas interpretaciones y se dota de significado la experiencia. La simbología en el duelo se inicia con el funeral y debería continuar para siempre.

Puedes preparar un ritual o una pequeña ceremonia de recuerdo en una fecha señalada: por ejemplo, en Navidad, antes de la comida en la que os reuniréis todos; o en el aniversario de la muerte, o tal vez el día que decidas desprenderte de las cenizas en algún lugar significativo. Es importante que expliques bien a aquellos con quienes quieres compartir ese momento qué esperas de ellos. Su participación tiene que ser voluntaria. Te sorprenderá la cantidad de gente que agradece que alguien tenga esa iniciativa. Si es posible, incorpora a los niños: de manera natural, les resulta muy fácil captar el significado de lo simbólico y participan activamente; no tienen nuestros miedos y son muy creativos. El ritual debe ser estructurado, con un principio y un final claros: es un punto esencial, ya que justamente señala una de sus razones de ser, que es marcar el tiempo de recordar, el de prestar atención, y centrarse en la vida y en los que quedan. Para la elaboración de un ritual solemos utilizar símbolos como la luz, algún elemento de la naturaleza, música y textos. Y también debemos dar cabida a la posibilidad de participación espontánea por parte de los invitados.

El ritual de recuerdo puede orientarse a expresar afecto, a recordar las cosas buenas que tenía el fallecido, a agradecer lo que habéis aprendido de él o ella... En ocasiones necesitamos pedir perdón por algo que ha quedado pendiente. ¡Y también podemos recordar las anécdotas más divertidas! Un ritual no tiene que componerse únicamente de momentos dramáticos; también puede ser un momento de celebración y de alegría por el tiempo vivido.

Realiza algún servicio desinteresado a la comunidad

Algunas personas en proceso de duelo afirman que les ha ayudado mucho realizar algún servicio a la comunidad. Seguramente, a tu alrededor hay centros que necesitan voluntarios, ayuda material o económica. En el mundo hay mucha gente que sufre, no hay que ir demasiado lejos para encontrarla. Estar cerca del dolor de los otros puede ayudarnos a contextualizar, a comparar, a ver otras realidades, a ampliar nuestra conciencia. No se trata de una huida ni de una comparación con la finalidad de minimizar lo que nos ha ocurrido. Es necesario realizar esos servicios desde la posición de saberse en duelo, desde nuestra fragilidad y humildad: ayudar desde nuestras propias imperfecciones, sabiendo que en realidad no estamos ayudando a otros, sino que ellos nos ayudan a nosotros, y que lo hacemos desde una actitud de agradecimiento, sintiendo que somos útiles. Vivir nuestro dolor tiene que ser un camino que nos acerque a los demás, especialmente a quienes lo necesitan.

Explora el significado profundo de tu pérdida

Los rituales nos ayudan a integrar la pérdida y a darle un sentido. Tal vez no sea un sentido mental que se pueda expresar con palabras. La gente acostumbra a pensar que dar significado a una experiencia es como colgarle una etiqueta con una frase concreta: «Es ley de vida»; «Es la voluntad de Dios»; «Significa que tengo que crecer, hacerme grande y autónomo»; «Ya había hecho lo que tenía que hacer en esta vida»; «He aprendido y he crecido mucho con la experiencia»...

Pero no siempre es así. Aunque en ocasiones somos capaces de verbalizar el significado de una relación —lo que nos ha dejado el difunto, lo que hemos aprendido, lo que hemos ganado, cómo nos ha cambiado la vida tanto la relación como la pérdida...—, en otros casos la muerte no tiene ningún sentido cognitivo y no podemos otorgarle un significado racional. Con frecuencia, el único significado que le podemos aplicar es: «Sí, lo acepto porque es así, y no hay más explicación».

Muchos libros sobre duelo aconsejan que dejes de plantearte los *porqués* («por qué me ha pasado a mí», «por qué ha tenido que morir precisamente ahora») y los sustituyas por ¿para qué me ha sucedido esto? («qué aprendo de esta experiencia», «adónde me lleva esta pérdida», «qué puedo sacar que sea positivo»).

Personalmente, creo que no todo el mundo puede llevar a cabo ese ejercicio. Hay personas que no aceptan la idea de causalidad en las pérdidas, y también hay sufrimientos que no admiten un escrutinio analítico de significado.

La muerte de un niño no tiene un *por qué* ni un *para qué*; simplemente *es*.

Por tanto, explorar el significado profundo de la pérdida es para unos un trabajo mental de revisión de la propia vida, de la búsqueda de creencias y de valores que lo sostengan, y faciliten la incorporación de esa realidad. Pero para otros se trata de un trabajo mucho más emocional, corporal incluso, y sin palabras: una apertura del corazón a toda resistencia, un dejarse ir sin explicaciones, sin un *para qué*; una aceptación incondicional de lo inevitable y de lo que forma parte indisoluble de la experiencia de la vida.

Los niños cuestionan la realidad constantemente con «¿por qué?». Hacerse adulto significa renunciar a esa pregunta.

Todas estas sugerencias pueden ayudar a las personas en duelo, pero busca las que sean más adecuadas para ti, tu momento actual y tu experiencia, que es única y, por tanto, no generalizable ni susceptible de ser abordada con recetas estereotipadas. Es posible que estrategias o pensamientos que ahora no te ayudan te sean útiles más adelante. No te dejes presionar por las personas de tu entorno sobre lo que está bien para ti y lo que no. Solo tú lo sabes. No obstante, escúchalos siempre: a veces, las personas cercanas nos ayudan a ver aspectos de nuestra vivencia que nosotros no podemos o no queremos ver. Filtra todo lo que te digan y utiliza solo lo que consideres adecuado. Y recuerda que lo hacen con buena intención y porque te quieren, aunque no estés preparado para lo que te proponen, por más razonable que sea. ¡Concédete permiso para ir a tu ritmo!

Capítulo 8
INTEGRAR LA PÉRDIDA DE LA RELACIÓN

Mi madre murió hace un año. Por entonces yo estaba embarazada de mi primera hija, Carla. Me faltaban solo dos meses para el parto. Ha sido un año muy difícil para mí. He vivido muy enfadada, sobre todo los primeros meses: «¿Por qué ha tenido que morir tan joven?», me preguntaba a cada momento. Ahora, pasado un año, veo que lo llevo mejor. Supongo que había llegado su hora... Y la enfermedad la había dejado muy cansada. Creo que tenía ganas de irse. Tuvo una infancia muy difícil; en los últimos tiempos me hablaba mucho de eso. El hecho de acercarse a la muerte le despertaba recuerdos de la niñez, y me los explicaba. Fue como descubrir cosas nuevas de ella, entender mejor cómo era y por qué.

Lo que me ayuda ahora es tener su foto en la cocina. Me gusta tenerla ahí. Le hablo... Bueno, le hablo cuando estoy sola. Era una gran cocinera. Los recuerdos más bonitos que tengo son de cuando yo estaba en mi sillita alta y ella me contaba cosas mientras preparaba la comida. Recuerdo que ya más crecida yo quería seguir sentándome en la sillita y ella se reía de mí. Siempre con su buen humor, con sus atenciones para todos. Ahora, desde que he puesto su foto en la cocina, le explico lo que hago cada día, y sobre todo le hablo de Carla, de cómo crece, de lo bonita que es y de lo mucho que siento que no la haya conocido. También le digo que le hablaré de ella, de su abuela, y de lo ilusionada que estaba con su llegada. A veces, cuando pienso en las cosas que no podrá disfrutar, lloro; otras veces me siento contenta y agradecida por lo que me ha dejado. Creo que he heredado su parte de cuidadora y su buen humor. Tomar conciencia de eso me ayuda; es como si una parte de ella estuviese siempre conmigo. Ahora, cocinar es una manera de recordarla. A veces se me caen las lágrimas encima de la comida, pero son lágrimas mezcladas de pena y de alegría.

A medida que vas tomando conciencia de las diferentes maneras que tienes de conectar y desconectar de tu dolor, que vas estando más presente contigo mismo, en tu historia, que puedes dejar ir tu enfado con la vida y con los demás, y también tu necesidad de buscar el porqué, verás que pensar en tu ser querido te resultará menos doloroso, menos punzante.

Es difícil decir cuánto tiempo necesitas para llegar hasta aquí: empezar a gozar de los recuerdos es algo que aparece de manera progresiva. Si la muerte ha sido un proceso gradual y has podido prepararte, quizá estés abierto a recordar muy pronto. Si, en cambio, la muerte ha sido repentina o muy traumática, es posible que necesites uno o dos años para poder empezar a recordar sin tanto dolor. Esta etapa, que denominamos de conexión y de integración de la pérdida de la relación, es un paso más en tu camino.

El camino para llegar hasta aquí no es recto. Todavía experimentas sus curvas cuando vives este vaivén entre desear olvidar, luchar contra lo sucedido, no querer pensar, enfadarte... y a la vez tener el anhelo de comunicar tus sentimientos, expresar lo que sientes y lo que te hace daño, y rendirte de manera incondicional a lo que la vida te ha traído. Observarás también un cambio en tu cuerpo: mientras te esfuerzas en evitar los recuerdos, te dominan la tensión y la rigidez; cuando decides que a pesar del sufrimiento quieres estar presente, dejarte llevar hacia la emoción, sentirás cómo se relaja arropado por el dolor.

Das un pequeño paso en tu camino cuando aceptas racionalmente la muerte de tu ser querido, y das un paso de gigante cuando la aceptas emocionalmente.

Si la aceptación se produce únicamente desde el dominio mental, tendrá cierta falta de autenticidad. No es un juicio: todos hacemos lo que podemos en nuestro camino. La aceptación meramente intelectual no es consistente. Cuando las personas en duelo dicen cosas como «lo acepto, claro, ¡qué remedio!, tengo que seguir adelante», están hablando de una *claudicación en el duelo* y no de una *integración plena* de toda la experiencia vital. Es importante captar la diferencia. Si no se produce una integración plena en todas las dimensiones (cognitiva, emocional y somática), tarde o temprano surgirá de nuevo la fragmentación como una herida que se reabre con pus en su interior. La persona en duelo expresará que se está aislando, que está amargada, que se siente invadida de sentimientos difíciles o que con el paso de los años no recupera la ilusión.

¿Cómo sabes que estás avanzando correctamente en tu camino? Lee las siguientes afirmaciones y comprueba si se aplican a lo que estás viviendo ahora mismo.

- Las circunstancias de su muerte ya no son tan importantes como antes. Ahora ya no le das tantas vueltas a cómo se produjeron los hechos. Los detalles no te obsesionan como antes.
- Estás en un momento en el que ya no necesitas buscar culpables.
- A pesar del dolor que te provocan los recuerdos del tiempo compartido, tienes ganas de hablar de ellos.
- Sientes que cada vez te gusta más que te pregunten por tu ser querido.

- Ya no sientes enfado por lo sucedido.
- A pesar de la tristeza que te provoca, acercarte a los lugares de recuerdo y mirar y tocar sus pertenencias te hace bien.
- No necesitas tantas distracciones ni tener la mente tan ocupada como antes. Puedes estar más presente y disponible para ti mismo y para los demás.

Iniciar la etapa de conexión e integración no significa que «aceptes lo que ha sucedido». *Aceptar* es una palabra que muchas personas en duelo rechazan. No es cierto que haya que aceptar la muerte para realizar el duelo. Seguramente, si eres un padre o una madre que han perdido a un hijo, esa palabra no existe en tu vocabulario y cuando alguna persona te dice «¡tienes que aceptarlo!», piensas que eso es imposible. Sería como renunciar a ser un buen padre o una buena madre, como contradecir la naturaleza de la paternidad o de la maternidad. ¿Qué significa para ti *aceptar*? Para algunos es como resignarse, someterse, rendirse... «No hay nada que hacer. Es la voluntad de Dios.»

Empiezas a integrar tu duelo cuando te das permiso para conectar con las emociones y los sentimientos que te despierta su muerte y estás abierto a expresarlos y explorarlos.

Eso no significa que no necesites puntualmente alguna estrategia de distracción para aliviar tu dolor. No podemos estar conectados a la realidad de lo que nos ha sucedido de manera permanente. Sería imposible vivir así; no podríamos cuidarnos ni cuidar a los que nos rodean.

El tiempo de integrar refleja un momento de tu vivencia en el que empiezas a disfrutar de los recuerdos a pesar del dolor que puedan producirte, y ya no necesitas huir constantemente de todo lo que te acerca a la realidad de tu duelo.

En ese momento, algunas personas afirman: «Ahora lo puedo recordar; me hace daño, pero no es aquella punzada en el estómago que sentía antes. Es como si pudiese sentir más la añoranza y la gratitud que el enfado o el rechazo».

Necesitas prestar atención al dolor profundo de su ausencia, del espacio vacío que ha dejado en tu corazón. El recuerdo te ayuda a revivir y a poner al día las vivencias del pasado con el fin de que fructifiquen para tu presente.

¡Pero recordar significa emocionarse!

Sí, es cierto. De hecho, también podríamos decirlo al revés.

Emocionarse es recordar.

¿Imaginas que alguien no tuviese la capacidad de recordar? No podría construir su identidad, como un ordenador sin memoria, que cada vez que se enciende debe empezar desde cero. Para la construcción del «yo» son indispensables las emociones ligadas a las experiencias vitales de nuestro pasado. La persona que no puede recordar ni emocionarse, no puede construir su personalidad. El recuerdo y la memoria despiertan sensaciones que orientan nuestra vida, nos ayudan a analizar situaciones, a tomar decisiones, a disfrutar de las experiencias del día a día.

Dejarse llevar por los recuerdos es un paso esencial en el camino del duelo. Sin ese paso no hay reconciliación ni perdón y, por tanto, ningún cambio. El ser humano está llamado a crecer en sus relaciones justamente porque recuerda y puede emocionarse. No en vano somos los seres vivos con la capacidad de memoria más compleja.

TRISTEZA, AFLICCIÓN Y AÑORANZA

Cuando recuerdas, aparecen emociones; cuando te emocionas, aparecen recuerdos. Las emociones que más sientes ahora son la tristeza, la añoranza y, en ocasiones, la desesperación. Y lo expresas con suspiros, pasividad y lágrimas. Es posible que incluso puedan parecer signos de depresión. Estas respuestas son necesarias, y por más intensas que sean no deben asustarnos. Cuando llega ese momento, es posible que te parezca que retrocedes. ¡Por supuesto! La protección, la actividad, cualquier distracción te producía la sensación de estar bien, de ir tirando, de no sentir dolor. Ahora, al dejar que los recuerdos emerjan sin rechazarlos, la sensación de dolor se intensifica y podría parecer que empeoras.

Esto resulta evidente cuando empiezas a participar en un grupo de apoyo o haces terapia. Al iniciar el trabajo personal, en las primeras sesiones, la herida se abre —es indispensable para que se cure— y las emociones surgen de manera intensa. La sensación es que empeoras:

«Desde que vengo aquí estoy mucho más inquieto. El día después del grupo me siento muy vulnerable».

Es necesario que confíes en el proceso. Integrar lo que te ha pasado exige que la herida se abra un poco con el fin de vivir tus emociones y entender la función que desempeñan, un paso necesario del camino.

¡Tienes derecho a estar mal, a sentirte deprimido, triste y melancólico! Has perdido algo muy preciado en tu vida y, hasta ahora, tu cuerpo y tu mente te han permitido mantener tu tristeza a cierta distancia. Pero tendrás que rendirte tarde o temprano. Si no lo haces, te quedarás a medio camino. Superar la tristeza y la añoranza solo es posible cuando uno se apropia de ellas. Es doloroso e incómodo; durante un tiempo controlas el dolor de la apendicitis con analgésicos, pero llega el punto de inflexión: si no te operas, si no permites que te abran y te limpien, la herida no sanará.

NOTAS DEL TERAPEUTA
La tristeza en el duelo

La tristeza no es una condición mental que debe tratarse ni un estado que debe resolverse. La tristeza es una emoción natural y necesaria que nos ayuda a adaptarnos a circunstancias difíciles y a los cambios. A diferencia de la depresión, la tristeza tiene una causa asociada, la persona no ve afectada su autoestima y puede mantener un sentimiento de esperanza en el futuro. Las expresiones de aflicción y llanto son breves y, a pesar de que puntualmente puedan ser intensas, no suelen interferir en el funcionamiento diario de la persona.

La tristeza es la puerta que se abre y conduce a un recuerdo que puede ser consciente o inconsciente. La indagación emocional que promueve el terapeuta facilita el acceso integrativo a ese recuerdo y su elaboración. La tristeza es, pues, una invitación a la introspección que favorece la retirada de los estímulos externos y nos da las condiciones para la integración y resignificación de estos recuerdos dolorosos.

El error terapéutico es buscar extinguir esta emoción, es decir, proponer una ventilación emocional con ánimo de descarga, sin buscar la elaboración del contenido. La elaboración de la tristeza y los recuerdos que la generan implica transformar un proceso interno no elaborativo en un proceso dialogal productivo.

MOMENTOS PARA RECORDAR

La mayoría de las personas en duelo explican que los fines de semana resultan especialmente difíciles. No hay una estructura que ocupe el tiempo, no hay obligaciones que cumplir ni actividades que requieran tu atención y te distraigan. Posiblemente, los sábados y los domingos pasabais más tiempo juntos —tanto si era un hijo, como tu pareja o tus padres, a los que ibas a ver—, o era el momento que elegías para llamar. Tienes por delante un largo fin de semana al que debes sobrevivir, y es posible que cada hora, cada comida, cada espacio de la casa te recuerde a tu ser querido.

Las fechas señaladas también son fuentes de recuerdos: los cumpleaños (suyos y nuestros), la Navidad, las vacaciones, el aniversario de su muerte o el día del diagnóstico de la enfermedad, o del ingreso en el hospital. Cuando se acercan esos días, empiezas a encontrarte mal.

Tu cuerpo empieza a recordar incluso antes de que seas consciente de ello.

A lo largo del día hay momentos especialmente difíciles. Para algunos es el momento de levantarse; para ti puede que sea la hora de acostarte. Hasta entonces te habías ido distrayendo con las actividades y las obligaciones de la casa, de tus otros hijos o del trabajo. Durante un rato te dedicas a no hacer nada, a ver la tele o a entretenerte con el ordenador. Es natural... Cuando te acuestas, detienes la actividad que te mantenía distraído, relajas el cuerpo y la mente, las defensas protectoras menguan y los recuerdos, con sus emociones asociadas, invaden tu cuerpo y tu corazón. Los lugares especiales y algunos objetos también despiertan tu tristeza y tu añoranza. Los sitios a los que ibais juntos, el colegio en el que pasó tantos años de su infancia, el parque donde paseabais a menudo, vuestro restaurante favorito, los partidos de fútbol, su ropa, el pequeño regalo que te trajo de aquel viaje, los pendientes del bautizo, la música que más le gustaba o la canción con la que os conocisteis...

NOTAS DEL TERAPEUTA

Las maneras de afrontar tu dolor cuando estás en integración

- **Físicas**

  Ralentizar tu ritmo. Conciencia corporal. Menor tensión muscular.
- **Emocionales**

  Abandono al dolor. Emociones naturales: tristeza, añoranza, gratitud, perdón, afecto. Facilidad para su expresión.
- **Cognitivas**

  Recuerdos gratificantes. Búsqueda del sentido de la relación.
- **Comportamentales**

  Acercarse a lugares. Escribir. Objetos transicionales: fotos, recuerdos. Expresión ritual. Deseo de compartir con otras personas.

EL MENSAJE DE LAS LÁGRIMAS

En tu día a día, en las fechas especiales, con el paso de las estaciones, piensas en los momentos vividos. Recuerdos concretos que ya no puedes evitar: han sido instantes muy particulares de vuestra vida. No siempre son buenos; también los hay difíciles... y debes acogerlos todos como si fuesen algo muy preciado, como señales que quieren dirigirte hacia un hallazgo significativo para ti. No tengas miedo, no los rechaces aunque te hagan daño. Concédete un tiempo para colocar cada recuerdo en tu corazón, que repose, y observa qué ocurre, qué emoción lo envuelve.

En este momento, la tristeza, la añoranza y la melancolía se convierten en una especie de canal de comunicación, en una manera de continuar en la relación.

Para aliviar el dolor de los recuerdos debes sumergirte en ellos, revivirlos sintiendo, y poniendo palabras a esa experiencia.

Cuando las personas a las que acompaño lloran o suspiran, les sugiero: «¿Puedes prestar atención y ver qué dicen tus lágrimas?». Si te paras y observas tu dolor, podrás leer lo que dicen. Las lágrimas no vienen solas, se despiertan por los recuerdos y los pensamientos, que pueden ser conscientes o inconscientes. Y es preciso poner un nombre a la experiencia que va surgiendo cuando te detienes, prestas atención y sigues el hilo de tus emociones. Es como si cada una de ellas te transmitiese un mensaje que te explica la razón de su existencia. Lo digo en sentido metafórico; a lo mejor tú no lloras a menudo, pero tendrás que pararte a sentir la pena en tu cuerpo, sea cual sea su manera de manifestarse, y ponerle palabras.

Shakespeare lo decía mucho mejor:

> *Dad palabra al dolor: el dolor que no habla gime en el corazón hasta que lo rompe.*

WILLIAM SHAKESPEARE, *Macbeth*, acto IV, escena III

¿Cómo se ponen palabras al dolor que acompaña a los recuerdos? De una manera especial: puedes detenerte en el relato, entrar en cada escena, y abrir el corazón a los sentimientos que te despierta.

- No tengas prisa cuando compartas el recuerdo: habla despacio.
- Párate cuando sientas una emoción. Presta atención a tu interior.
- No vayas a tu mente, no analices, simplemente pon palabras a lo que sientes.
- Sigue atento a tu experiencia interior mientras vas recordando.
- Cuanto más hables, más recordarás y más emociones surgirán...

Recordemos que llorar, suspirar y apenarnos nos hace bien. Llorar es un proceso neurológico y fisiológico que favorece el procesamiento de las experiencias de pérdida. Los estudios recientes sobre neurociencia nos explican bien cómo las emociones expresadas, junto con las palabras y los significados (emoción más cognición), pueden abrir nuevos caminos neuronales que curan los recuerdos dolorosos. Por eso, después de compartir, nos encontramos un poco aliviados, como quien se quita un peso de encima.

Cuando decimos que en el duelo hay un sufrimiento necesario e indispensable para sobrevivir, nos referimos a ese dolor: el que sentimos mientras recordamos el pasado y los momentos más especiales con aquella persona.

En este momento de tu proceso, revisas la vida y la relación con el ser que has perdido, lo que te ha dejado, lo que ha supuesto tenerlo a tu lado. Podemos hacer esta revisión con alguien que nos escuche, nos acompañe y nos lo facilite, una persona a la que apreciemos o un buen profesional en el que confiemos.

También ha llegado el momento en el que nos ayudará escribir algo dirigido a la persona querida, explicándole cómo estamos, qué echamos en falta, cómo la añoramos... Te emocionarás cada vez que lo hagas (ten a mano una caja de pañuelos de papel), pero después te sentirás renovado; cansado, pero también, de manera misteriosa, con más paz.

En algunas familias, cuando uno de los miembros menciona el nombre del ser querido ausente, los demás lo hacen callar... La madre necesita hablar cada día de su hija, mientras prepara la comida, en la cena, antes de meterse en la cama... Si la hacemos callar, ¿qué resolvemos? Nada. En cambio, si la dejamos hablar y que explore qué es eso que tanto echa de menos, si la animamos a expresar su dolor y a descubrir qué hay detrás de ese recuerdo, de aquel momento concreto, si lo escribe o lo comparte con alguien cercano, en caso de que nosotros no nos sintamos capaces de escucharla, poco a poco dejará de necesitar mencionar ese nombre a cada momento. No lo necesitará porque ya habrá descifrado el mensaje.

Cada recuerdo, ya sea un pensamiento o un objeto, un lugar o una música, esconde un mensaje.

Si no lo buscas, si no le pones palabras y emoción, si no exploras su significado profundo, el recuerdo te perseguirá para siempre. Necesitarás evitar constantemente algunos lugares o arrastrar siempre contigo muchos objetos de recuerdo. Si realizas ese trabajo de «exprimir el recuerdo» y liberar el significado que tiene para ti, serás libre de recordar sin dolor, podrás deshacerte de los objetos, de las imágenes y de la obsesión por regresar o lo contrario, evitar los sitios familiares. Irás mucho más ligero por la vida; tendrás interiorizado en tu corazón aquel regalo, y perder el objeto o el lugar te resultará indiferente. Podrás dejar ir y vivir con la mochila mucho más ligera.

Y si te mudas de casa, ¡será mucho más sencillo!

Los recuerdos son como estancias inexploradas, guardadas por la añoranza y la pena. Si se mantienen encerrados, acaban enrareciendo nuestro espacio vital y convierten «nuestra manera de estar» en depresión, resentimiento o falta de energía vital. Cuando nos rendimos a las emociones, se manifiesta el mensaje que llevan dentro y dejan de pesar para convertirse en un espacio de amor, reconciliación y alegría.

El recuerdo al que extraemos su mensaje se convierte en un tesoro para nuestra vida, como la sal de nuestra comida, como la luz de nuestro hogar.

Los mensajes que encierran las lágrimas nos hablan de asuntos pendientes de relación, el espejo roto, el futuro que nunca viviremos con nuestro ser querido y la despedida.

NOTAS DEL TERAPEUTA
La añoranza en el duelo

Las personas en duelo expresan la añoranza recordando momentos específicos del pasado o fantasías del futuro que ya nunca tendrá lugar; también mediante comportamientos de aproximación a lugares que despiertan recuerdos o el uso de objetos: fotos, música, joyas, ropa... Estas expresiones suelen ir acompañadas de sentimientos de tristeza, nostalgia o abatimiento.

El objetivo del acompañamiento en estas expresiones de añoranza es poder dar significación emocional y cognitiva a los recuerdos, de manera que se puedan integrar y faciliten que se mantenga el vínculo vivo al generar representaciones internas fructíferas de la persona fallecida. Es decir, que el recordar el pasado con el ser querido pueda convertirse en una fuente más de amor y gratitud antes que de tristeza y abatimiento.

Para ello el terapeuta debe evitar aconsejar, distraer cambiando de tema, forzar a ir a lo positivo o intentar aliviar el dolor sin entrar en el mismo. Debe transmitir al doliente que, aunque es doloroso, destinar un tiempo a recordar y conectar con los sentimientos de añoranza y compartirlos con personas de confianza es lo que más lo va a ayudar a sobrellevar este vacío y mitigar la pena y la añoranza.

En la consulta, el terapeuta ofrece su atención, escucha, presencia, interés genuino. Cuando el terapeuta acoge con esta actitud las expresiones de añoranza, anima al doliente a poner esos recuerdos en su corazón, a compartir los detalles, a conectar y a expresar la emoción asociada utilizando un cuidadoso proceso de indagación, entonces está promoviendo el proceso de resignificación e integración de los mismos.

ASUNTOS PENDIENTES

Escuché por primera vez el concepto de *asuntos pendientes de relación* durante mi formación con la doctora Elisabeth Kübler-Ross. Lo explicó de manera muy gráfica durante una conferencia.

«Imaginaos que ahora mismo os anuncian que de aquí a una hora caerá una bomba y moriremos todos. ¿Cuántos de vosotros pensáis que deberíais hacer unas llamadas durante esa hora?» La gente empezó a levantar la mano. «¿A quién tendríais que llamar?» Un momento de silencio... «¿Qué diríais? ¿Qué mensajes dejaríais en el contestador si no os respondiesen? ¿Qué necesitaríais decir a vuestras personas queridas si supieseis que vais a morir en unas horas?»

Los asuntos pendientes se refieren a aspectos de las relaciones que no tenemos al día; palabras (decía la doctora Kübler-Ross) «que deberíamos decir a nuestros seres queridos antes de despedirnos por la mañana, cuando nos vamos a trabajar, porque no sabemos qué nos puede acontecer durante el día». Todas las cosas importantes que pensamos, sentimos o deseamos para aquella persona y que no solemos expresarle. Si ocurriese algo, aquello que no ha sido expresado nos provocará dolor. Todos tenemos asuntos pendientes; yo creo que es imposible estar al día en todas nuestras relaciones.

Escuchando a las personas en duelo y acompañando a otras al final de sus vidas, vemos que los asuntos pendientes más frecuentes son los siguientes:

- Pedir perdón.
- Perdonar.
- Expresar agradecimiento.
- Expresar afecto.
- Despedirse.

Estos son algunos ejemplos de lo que la mayoría afirma que necesitaría decir en esas llamadas. Los testimonios de aquellos que han sufrido la experiencia lo confirman. El mensaje más repetido que las víctimas de los atentados del 11-S que pudieron hacerlo dejaron en los teléfonos fue: «Te quiero mucho, te querré siempre, di a todos que los quiero».

Son muchas las personas en duelo que llegan a la consulta cuya aflicción por la pérdida guarda relación con un asunto pendiente.

- *Jordi perdió a un hermano en un accidente de escalada. Dos días antes se habían peleado y se habían separado con reproches. Han pasado los años y Jordi no se lo quita de la cabeza: «Ya sé que nos queríamos y que no era más que una pelea sin sentido... Pero no puedo dejar de recordar aquella última escena, los gritos por parte de los dos, lo que nos dijimos... y me duele mucho».*

- *Después de un año cuidando de su madre enferma, un día detrás de otro, Nuria la llevó a una residencia sociosanitaria para tomarse unos días de descanso. Su madre murió justamente uno de esos días. Nuria explica que siente que es una mala persona y que no debería haberse marchado. Le da vueltas a cómo lo pasó su madre y si la echó de menos.*

- *Carlos no pudo disfrutar de la infancia de su hijo, estaba demasiado ocupado con su trabajo y se olvidó de que el niño crecía bajo su mirada distraída. Ahora ha muerto, con quince años, y se siente culpable de no haber sido un buen padre. En las sesiones no hace más que reprocharse que siempre llegaba cansado a casa y que nunca tenía tiempo para él.*

   «No he jugado con él lo suficiente; de hecho, mi hijo ha muerto y yo ni siquiera lo conocía», se reprocha.

- *Mercè y Joan vieron morir a su hijita en sus brazos. Tuvo un fatal accidente doméstico en el garaje de casa. De un momento para otro, la niña ya no estaba. No pudieron hacer nada.*

- *Francesc acompañó a su madre hasta el final, pero no se despidió de ella. Negó la inminencia de la muerte pidiendo tratamientos inútiles hasta el último momento con el fin de alargarle la vida. Necesitaba más tiempo, pero no utilizó el que tenía. Ahora se siente mal por no haberle transmitido su gratitud y su afecto.*

La mayoría de nosotros tenemos asuntos pendientes con personas de nuestra vida presente o pasada; algunas han muerto, otras están cerca y otras, lejos. Yo también tengo temas abiertos con personas de mi entorno, y no tengo duda de que si la doctora Kübler-Ross estuviese aquí me reñiría mucho. Es normal: somos imperfectos y no podemos tener todas nuestras relaciones al día de manera permanente. Siempre quedan cosas que deberíamos haber dicho y otras que no deberíamos haber pronunciado. Y eso nos genera culpa, especialmente en el duelo.

Tenemos temas pendientes porque, mientras estamos vivos, mantenemos la falsa esperanza de que las cosas se arreglarán con el tiempo.

También tenemos relaciones en las que la otra parte no acepta que expresemos pensamientos significativos, personas a las que queremos mucho, pero que no nos permiten que nos acerquemos. A veces, si intentamos decirles algo afectuoso, podemos llevarnos un buen bufido, o incluso un mordisco en forma de menosprecio o de agresividad. En este caso, estamos atrapados en una relación de palabras no dichas, insinuadas, algunas positivas y otras negativas. Como no siempre encontramos la manera de comunicar lo que sentimos... lo posponemos. Y entonces hacemos uso de ese concepto tan interesante: *procrastinar*. Procrastinamos cuando seguimos pensando que habrá tiempo, que la vida nos dará la oportunidad de resolverlo, o tenemos la fantasía de que llegará el momento oportuno, pillaremos desprevenida a esa persona y podremos decirle eso tan importante. A veces, los momentos de pérdida o enfermedad son adecuados para expresar nuestros sentimientos, pero lo habitual es que nos resulte imposible, la persona muere y nos quedan esos asuntos pendientes que vivimos como recuerdos dolorosos que se presentan una y otra vez.

Si estás de duelo y quieres resolver algún asunto pendiente con la persona que has perdido, tengo dos buenas noticias: la primera es que *no necesitas la presencia del otro*, ya que aunque haya fallecido puedes resolverlo y liberarte. La segunda, que *siempre estás a tiempo*. Puedes resolver un asunto pendiente con alguien que murió hace años, o que vive muy lejos, o a quien no quieres volver a ver o no podrás volver a ver nunca.

Los asuntos pendientes son conflictos en nuestro corazón y podemos resolverlos interiormente. Sería mejor resolverlos mientras la persona está viva, es evidente, porque entonces damos al otro la posibilidad de devolvernos el regalo de reparar la herida. Pero si no es posible porque a lo largo de la enfermedad o de la vida no te atreviste, por miedo a despertar emociones o a recibir su rechazo, siempre estarás a tiempo de resolver esos conflictos.

Los asuntos pendientes se generan de manera interpersonal, pero se pueden resolver de manera intrapersonal. Dicho con palabras más sencillas:

Perdonar al otro es el movimiento que realizas en tu corazón para que lo que hizo deje de dolerte. Otorgándoselo le quitas para siempre el poder de seguir haciéndote daño.

Veamos algunos ejemplos.

PEDIR PERDÓN Y PERDONAR

Pedir perdón es un acto reparador. En la mayoría de nuestras relaciones nos herimos con las cosas que decimos, hacemos o sentimos. Todos tenemos necesidades afectivas que queremos satisfacer con nuestros seres queridos. Y eso no siempre es posible: las necesidades de uno entran en conflicto con las del otro y, sin querer, ese conflicto de intereses puede convertirse en una lucha de poder que nos hace daño.

No existen relaciones íntimas sin enfrentamientos: la negociación, la lucha por los límites, por lo que cada uno necesita del otro, forman parte saludable de las relaciones, aunque nos provoquen enfado con la situación, con el otro o con nosotros mismos.

El perdón es una actitud de aceptación incondicional de aquello que ha generado sufrimiento. No podemos mantenernos permanentemente separados del otro. La rabia y el resentimiento anidan en el corazón y lo alimentan, y eso resulta destructivo no solo para nuestras relaciones, sino también para nosotros mismos. Cuando una persona está próxima a la muerte, resulta habitual sentir el impulso de pedirle perdón. La propia persona también suele sentir esa necesidad. La pérdida nos sitúa en un plano más profundo de rendición y aceptación de las imperfecciones de los demás, pero también de las nuestras.

Podemos seguir enfadados a través del tiempo y de la distancia. Podemos continuar enganchados en el rencor hacia alguien que murió hace años. Podemos seguir sintiéndonos culpables por lo que hicimos o dijimos, por perder la paciencia mientras cuidábamos a nuestro ser querido, o por no prestarle toda la atención necesaria; por no haber estado más presentes en los momentos difíciles o especiales de su vida, o por haber sido exigentes y críticos, o excesivamente severos. Y ahora nos arrepentimos de haber perdido el tiempo con nuestros miedos y de no haber disfrutado de la relación y del tiempo que teníamos juntos. La mayoría de los padres a los que he acompañado a lo largo de mi vida profesional necesitan pedir perdón a sus hijos por no haber pasado más tiempo con ellos, por no conocerlos, por haber estado inmersos en sus propias quimeras, sin descubrir quién eran ellos realmente.

Para abrirnos al perdón —a recibirlo y a darlo— tenemos que derribar la barrera del resentimiento y del dolor. Es un paso difícil, se necesita valor para dejar a un lado el orgullo y nuestras razones y aceptar nuestras vulnerabilidades.

Pedir perdón consiste en realizar una súplica explícita en primera persona, dirigida al otro, con la confianza de que nos la conceda. El misterio del perdón es que el gesto de pedirlo ya resulta reparador en sí mismo.

Esta carta está escrita por un padre que vivió la muerte de su hija recién nacida. Falleció a las pocas horas de venir al mundo, y él y la madre decidieron que no querían verla. Años después, le pide perdón, arrepentido.

Querida hija:

Quiero pedirte perdón por no abrazarte después de tu nacimiento como si hubieses sido realmente nuestra, no solo una parte alejada de nosotros.

Quiero pedirte perdón por no haberte hecho ni una fotografía, como hacen todos los padres con sus bebés recién nacidos.

Y quiero pedirte perdón por no querer estar contigo cuando te marchaste de este mundo al otro, donde no se necesitan disculpas, donde todas son aceptadas y ninguna es necesaria.

Pero, sobre todo, quiero pedirte perdón por no haberte dado el nombre que era tuyo y haber dicho que pusiesen «bebé niña» en el certificado que marcó tu vida y tu muerte.

Desde entonces te hemos devuelto tu nombre... Y te hemos hecho real...

Y te hemos nombrado nuestra... Y hemos sufrido por tu muerte...

E incluso hemos celebrado tu vida, cariño. Pero estábamos en una carretera sin mapas.

Y no sabíamos adónde ir ni qué teníamos que hacer.

Otras situaciones donde el que muere es alguien que nos ha hecho sufrir mucho, o que ha hecho sufrir a algún ser muy querido nuestro. Podría tratarse de una persona maltratadora, autoritaria, que te ha hecho daño o que te ha traicionado. O alguien que debería protegerte y ha abusado de ti, haciendo que pierdas la confianza en ti mismo y en los demás. En estos casos, en tu duelo se mezclan el enfado, el resentimiento y puede incluso que el odio. Y esos sentimientos no te permiten avanzar.

Mi padre siempre estaba enfadado. Lo recuerdo siempre de mal humor y gritando. Para él solo existía mi hermano mayor; a las niñas no nos tenía en cuenta para nada. Y ahora solo siento mucha rabia; rabia por no haber tenido lo que necesitaba, por el maltrato verbal, por la impotencia de no hacer nada y también por ver cómo mi madre lo toleraba y no nos protegía. Nos decía: «Aguantad a papá, aguantad, no hagáis que se enfade». Y cuando se estaba muriendo, yo no me podía acercar; solo estaba un momento y siempre con prisas. Ahora... no sé. Por una parte me siento bien, aliviada. También por mamá, que ahora podrá estar tranquila. Pero también me siento mal, es una mezcla de sensaciones, creo que el resentimiento no me permite avanzar.

Puede que en medio de esos sentimientos negativos te sientas aliviado por su muerte. Algunas personas han deseado que muriese aquel ser que les hacía tanto daño, tan irrespetuosa con los demás, tan maltratadora. Si es tu caso, no te dejes invadir por la idea de que eres una persona llena de maldad. Eres humano. Date cuenta de que lo que querías era que muriese *«aquella parte»* de la *persona*. Ponle nombre también a la otra parte, a la positiva, la de anhelo de amor que hay detrás de esos sentimientos y pensamientos aparentemente tan negativos. A menudo nos enfadamos con la gente de la que necesitamos más afecto. Si no fuese así, simplemente la ignoraríamos.

El odio es amor hambriento.

RAM DASS

Perdonar implica que eres capaz de dejar ir las posibles injusticias que has vivido por parte de aquella persona; aceptar sus imperfecciones, tanto si son conscientes como inconscientes. Si perdonas, podrás abandonar el papel de víctima. Si no eres capaz de hacerlo, difícilmente podrás crecer y dar sentido a lo vivido. La parte más difícil de perdonar se produce cuando sabes que el otro no tiene conciencia de haberte herido y que, de hecho, nunca ha esperado y deseado tu perdón. En esos casos, corres el riesgo de convertirte en una víctima para toda la vida, de seguir enganchado al odio y al enfado. ¿Cómo perdonar cuando el otro sigue ejerciendo de abusador, o es negligente, o menosprecia? La persona mantiene la herida abierta y es susceptible de reactivarse constantemente, y no puede abrir la mano para dejar ir. Perdonar es una acción dirigida a otro pero cuyo efecto debe ser independiente de la reacción del otro.

Perdonar es hacer algo en tu interior para que eso deje de dolerte. Cuando perdonas, le quitas al otro el poder de que siga haciéndote daño.

Las consecuencias del perdón son que te liberas de esa negatividad, del peso del resentimiento y la culpa, y pasas a ser más responsable y tolerante. Hay autores que explican cómo el perdón tiene consecuencias neurobiológicas importantes y produce una mejora en nuestro sistema inmunológico. Y tiene sentido: si no perdonas, si no te perdonas a ti mismo, invertirás mucha energía vital rumiando sobre lo ocurrido, lo que os dijisteis, lo que hiciste, lo que te hicieron... Resulta evidente que a la larga esa situación tendrá consecuencias para tu salud. Pide ayuda si ves que pasa el tiempo y no te quitas de la cabeza esos pensamientos. No permitas que la amargura contamine tu vida y la de los que te rodean. Toma conciencia de los recuerdos que aún te hieren a pesar de la distancia y el tiempo.

Los hechos ya pertenecen al pasado...
Son los recuerdos los que permites que te atormenten.
Perdonar te libera de sentirte herido para siempre.

Perdonar es un acto que incluye no solo una parte emocional y otra mental, sino también una parte física: la sensación interna es de abrir el corazón y dejar ir la tensión corporal que acompaña al resentimiento y al enfado.

Si solo perdonamos cognitivamente, con la cabeza, nos quedamos a medio camino. ¿Recuerdas este dicho? «Perdono, pero no olvido.»

¡Eso no es perdonar! Sabemos que hemos perdonado cuando podemos revivir aquel recuerdo o aquella situación sin reactivarnos, cuando físicamente y emocionalmente no se nos despierta ninguna emoción. La herida no se reabre. Si solo perdonamos de manera mental, racional, solo *condonamos la deuda*. Y *condonar* no es lo mismo que *perdonar*; es un esfuerzo mental que hacemos para cerrar el asunto, pero normalmente no es suficiente y lo sabemos, porque cuando pensamos en la otra persona, o la vemos, o recordamos la situación, se nos activan emociones como la rabia o el resentimiento. Significa que hemos dejado la tarea a medias. Por eso, el acto de perdonar debe incluir además de la parte emocional, la parte más física: sentir el dolor por nuestros actos o por los actos ajenos que han causado daño. Permitirnos sentir ese dolor físicamente tiene el efecto de eliminar la resistencia, la tensión física que acompaña al resentimiento y a la amargura. Y es entonces cuando se produce el perdón total, aquel que libera para siempre.

Puedes experimentar el perdón en tres movimientos: cuando lo das a otra persona, cuando lo recibes de otra persona y cuando te lo das a ti mismo. Con frecuencia, esos tres actos se funden en uno solo y se producen a la vez. Verás que, como señalábamos al principio, el perdón no necesita del otro y tampoco tiene fecha de caducidad.

Esta meditación es la que utilizamos en los talleres residenciales para personas en duelo. El texto original es de Stephen Levine,[14] y aquí ofrecemos una adaptación. Es preciso llevarla a cabo como una meditación guiada que nos permita experimentar la parte física de esa emoción tan reparadora y transformadora. Puedes pedir a alguien que te la lea poco a poco.

Busca un lugar tranquilo, sin ruidos. Puedes acompañar esta sencilla meditación con una música suave. Vacía tu cabeza de pensamientos y presta atención a tu respiración mientras te encuentras estirado en el suelo. Nota el peso de tu cuerpo.

Trae hasta tu mente la imagen de una persona hacia la que sientas resentimiento, alguien que te haya hecho daño en el pasado o en el presente (puede ser una persona viva o muerta). Observa su cara, su actitud. Siente el impacto de verla, cómo responde tu cuerpo... Limítate a observar esas sensaciones.

Ahora lleva la imagen de esa persona hasta tu corazón. Siente la dificultad y haz un esfuerzo. Abre tu corazón y pon esa imagen. Si te cuesta, permítete sentir la dificultad de abrir tu corazón. Cuando tengas la imagen en tu corazón, pronuncia estas palabras:

«Te perdono. Te perdono. Te perdono por todo el daño que me has hecho en el pasado con tus palabras, con tus hechos, con tus sentimientos. Te perdono...».

Percibe el dolor que sientes, el enfado... Observa tu resistencia a perdonar, como realizas el esfuerzo de abrir tu corazón un poco más, y repite: «Te perdono por el daño que me hiciste, consciente o inconscientemente, en el pasado, con tus gestos, con lo que hiciste o dejaste de hacer y me hirió... Te perdono».

Percibe cómo el perdón abre más tu corazón. No te resistas más. Duele tanto mantener el corazón cerrado... Si te hace daño, permítete sentirlo y repite «te perdono». Percibe cómo el resentimiento tensa tu corazón y déjate llevar...

Observa su cara, si ha cambiado algo. No juzgues por lo que veas. Permite a la persona que se sienta perdonada si lo necesita. Y si no lo necesita ni lo busca, siente cómo ya no te afecta. «Te perdono. Ya no hay nada en tus actos, en tus omisiones o en tus sentimientos que pueda hacerme daño. Te dejo ir. Me libero.»

Deja marchar la imagen de tu corazón, despídete de ella y vuelve a sentir tu respiración. Observa cómo tu pecho se ensancha, los cambios en tu cuerpo cuando concedes el perdón. Concédete un minuto para disfrutar de esa sensación.

Ahora lleva a tu mente la imagen de una persona a la que quieras pedir perdón, que esté enfadada contigo y a quien hayas hecho daño. Puede ser del presente, del pasado o alguien que ya no está.

Lleva la imagen a tu corazón, ábrelo e introdúcela en él. Siente las emociones que te despierta y pronuncia estas palabras: «Perdóname. Te pido que me perdones por el daño que haya podido hacerte en el pasado con mis palabras, con mis sentimientos, con mis actos... Perdóname». Siente el dolor de saber que hiciste algo inadecuado, de tus limitaciones, y di: «Perdóname. Perdóname por todo el daño que haya podido hacerte con mi manera de hacer o de ser, con mis palabras fruto de mi ignorancia y confusión... Perdóname».

Deja que la imagen de esa persona repose en tu corazón, date cuenta de su sufrimiento, de su enfado contigo, de sus necesidades y sus esperanzas frustradas, y di: «Perdóname por todo el daño que te he causado, por no haber estado allí, por haberte abandonado, por haberte hecho daño, por las palabras de reproche».

Concédete permiso para sentirte perdonado. Abre un poco más tu corazón a la experiencia de sentirte aceptado y perdonado. Presta atención a los cambios de tu cuerpo al recibir ese regalo que es liberarte del resentimiento hacia ti mismo.

Deja ir la imagen de esa persona. Despídete, déjala marchar. Vuelve a la respiración. Date un minuto para percibir los cambios en tu cuerpo y en tu corazón. Observa que este ahora es más grande, que la tensión que lo envolvía se ha mitigado...

Ahora realiza un último esfuerzo y lleva a tu mente la imagen más difícil de ti mismo, aquella que menos te gusta, la que te produce más vergüenza, la que tal vez no enseñas, la más oculta. Tal vez sea la imagen de una escena concreta de algo que hiciste y no te gusta nada de ti; o una imagen de una época determinada de tu vida, o la imagen de una parte de ti, de tu manera de ser, que sabes que te hace daño, pero no controlas.

Coloca esa imagen de ti en tu pecho, en tu corazón, y siéntela. Percibe la tensión del dolor que te despierta. Si te resulta difícil, acéptala. Observa tu dolor y di: «Me perdono. Me perdono por esa parte de mí, por el tiempo que viví, por lo que dije, hice o sentí que no era adecuado. Me perdono».

Date cuenta del daño que te haces al mantener en tu interior esos sentimientos de resentimiento, de enfado. «Me perdono. Acepto esa parte de mí que me hace daño. Soy consciente del daño que puedo haber ocasionado por mi ignorancia, mi confusión, mis miedos. Me perdono.»

A continuación, deja ir esa imagen difícil de ti mismo, observa si ha cambiado algo y déjala marchar. Observa cómo se aleja. Continúa observando. Presta atención a tu cuerpo, al espacio de tu pecho. Mira tu corazón abierto, sin tensión, liberado. Disfruta unos minutos sintiendo la ligereza que te produce dejar de juzgar, perdonar a los demás y aceptar el perdón hacia uno mismo.

EXPRESAR GRATITUD

Hay tres preguntas que debes hacerte:

- Si tuvieses que redactar una lista de las personas que más han hecho por ti en tu vida, ya sea con sus acciones o con sus palabras y sentimientos, ¿quién formaría parte de ella? Algunos miembros de tu familia, los buenos amigos, y tal vez personas que a lo largo de tu camino han ejercido una influencia importante: un profesor, un pariente lejano, un compañero de trabajo...
- ¿Puedes identificar qué han hecho por ti? ¿Qué es eso tan especial que te han dado? ¿Cómo han contribuido a que seas quien eres ahora?
- ¿Lo saben esas personas? ¿Les has dicho por qué son tan especiales para ti? ¿Has compartido con ellas la gratitud por lo que han hecho?

Si la respuesta a la tercera pregunta es negativa, eres un candidato a tener un asunto pendiente: expresar gratitud. Si esperas demasiado, podría darse el caso de que alguna de esas personas muera (¡o tú mismo!), y entonces una parte de tu aflicción tendría que ver con el dolor de no haber verbalizado o mostrado esa gratitud (o lo sentirán quienes se queden). Hay personas que nos han querido mucho, que han hecho cosas por nosotros en algún momento de nuestras vidas, a las que, por las razones que sean, no hemos tenido oportunidad, o no nos la hemos concedido, de agradecer todos esos gestos, hechos o palabras.

A menudo, el dolor que sentimos en el duelo, el mensaje de nuestras lágrimas, el tesoro escondido detrás de nuestra pena, guardan relación con el agradecimiento no expresado cuando pensamos en...

- Personas que han participado en nuestro cuidado cuando éramos pequeños.
- Miembros de la familia que han estado a nuestro lado en momentos difíciles.
- Nuestra pareja (o expareja), con quien hemos compartido parte del camino de la vida.
- Nuestros padres, que nos han dado la vida.
- Compañeros del trabajo o del colegio, o profesores que nos han ayudado en algún momento.
- Personas que nos han hecho daño, pero al mismo tiempo han tenido comportamientos positivos con nosotros.

¡Cuántas cosas tenemos que agradecer a las personas que nos rodean, que forman parte de nuestra historia y que han contribuido a hacer de nosotros quienes somos, y qué poco tiempo nos concedemos para transmitirles ese reconocimiento!

Hay quien tiene la oportunidad de expresar gratitud a sus seres queridos en los últimos momentos de su vida. Para las familias que tienen la suerte de vivir el final en una unidad de cuidados paliativos, esa posibilidad es muy frecuente. El propio equipo médico anima a los familiares a dar ese paso. Sin embargo, cuando la muerte es repentina o se trata de una enfermedad fulminante, o si ha habido mucha negación en torno al enfermo, esa posibilidad no se da.

Si este es tu caso, recuerda que también podemos expresar gratitud días, semanas o años después de la muerte.

Mamá, ahora hace un año que te fuiste. Han pasado muchas cosas desde entonces, y he estado muy mal, rebelándome. Ahora, estos últimos meses, siento como si lo fuera aceptando. Voy sintiendo el vacío que has dejado, lo noto poco a poco, en diferentes momentos, en una comida familiar, en un cumpleaños... «¡Mamá ya no está!», me digo. Voy echando de menos aquellas pequeñas cosas que tu presencia me daba. Cuando miro fotos de aquellos momentos familiares que vivimos juntas siento la añoranza de todo lo que me has dado, de lo que tú, con tu presencia tan especial, hacías posible. Y entonces siento todavía más nostalgia, pero es una pena que me reconforta más que hacerme daño. Es como si sentir ese dolor me ayudase a darme cuenta de los valores que nos has transmitido: el valor de la familia unida, de los pequeños momentos, de los detalles. «Es lo más importante de la vida, más que el dinero, más incluso que la salud», nos decías. Ahora, todos hacemos un esfuerzo para seguir unidos y continuar con esos encuentros. Y cuando estamos juntos, mamá, a pesar de la pena de que tú no estés, siento cierta felicidad. Por eso quiero que mis hijos y sus primos tengan ese valor que tú nos has transmitido. Siento que debo agradecerte la vida que me has dado, haber podido estar a tu lado en los últimos momentos y todos los valores que me has dejado.

¡Gracias, mamá!

EL ESPEJO ROTO

Cuando recordamos a nuestro ser querido, casi siempre necesitamos poner nombre a lo que hemos recibido de la relación: lo que nos daba a través de su mirada, cómo nos cuidaba, las palabras que decía, lo que nos hacía sentir. Cada persona significativa de nuestra vida nos da una imagen de nosotros mismos que nos alimenta, nos ayuda a construir nuestra identidad. Las personas nos manifestamos de manera distinta con los demás; no nos expresamos igual con todo el mundo. Cada miembro de la familia, cada hijo, cada amigo o compañero de trabajo nos ayuda a expresar distintas partes de nuestra personalidad.

Si tienes más de un hijo, observa que cada uno te hace sentir de una manera distinta. Posiblemente, los quieres a todos por igual (espero que sea así), pero lo que recibes de ellos es diferente. Eso dependerá de factores como la edad, su personalidad, la historia de vida que habéis tenido. Un hijo puede hacerte sentir que eres un padre o madre fuerte y protector en el que puede apoyarse. Otro tal vez te pida una relación más basada en la amistad, en compartir gustos comunes, en disfrutar de cierta reciprocidad. O puede que tu hija te haga sentir vulnerable porque quiere cuidarte y protegerte, y desea que te dejes llevar. Cuando piensas en tus amigos, te ocurrirá lo mismo: unos te devuelven la imagen de que eres una persona sensible o atrevida; otros, que los escuchas y que eres un amigo presente en los momentos difíciles. Con otros, la relación es de disfrutar de la vida, de compartir la diversión, y por tanto te hacen sentir tu parte de niño, juguetona y divertida.

Nuestra identidad tiene muchas facetas, y las mostramos y actuamos de manera distinta en función de lo que cada persona, amigo, compañero de trabajo o familiar nos despierta. Es como si cada persona significativa tuviese un espejo que nos devuelve una parte de nuestra manera de ser. Cuando esa persona muere o desaparece, dejamos de recibir aquello que nos daba. El espejo se rompe.

Los niños suelen devolvernos una imagen que nos muestra sensibles, tiernos, creativos, confiados, seguros... Ayudar a crecer a un niño nos hace sacar (o debería hacerlo) la mejor parte de nosotros mismos. Por eso, cuando muere un niño, nuestra identidad queda tan alterada. También es posible que nuestra pareja nos haga sentir que somos únicos, todavía bellos y deseables, a pesar del paso del tiempo, y protectores. O tal vez sea al contrario: nos permite sentirnos vulnerables o que somos necesarios en sus vidas, útiles.

Llorar lo que no recibiremos nunca más, lo que nos daba aquella relación, es lo que llamamos *hacer el duelo por el espejo roto*.

Cuando perdemos a un ser querido, no solo lloramos por lo que ha perdido el otro, sino también por lo que nosotros ya no recibiremos nunca más y nos resultaba tan necesario. Fijaos en lo que ocurre en los funerales. ¿Por qué llora la gente? ¿Por qué está afligida? A menudo lloramos por lo que hemos perdido nosotros, más que por lo que ha perdido la persona que nos ha dejado. Lloramos porque «nuestro espejo se ha roto».

Cuando exploramos el espejo roto, se produce un descubrimiento extraordinario: cada relación significativa de nuestra vida tiene un color especial, un don, un valor concreto, como si llenase un vacío de nuestra persona. A lo mejor aquella abuela nos hacía sentir especiales cuando nadie en nuestra infancia era capaz de darnos esos cuidados; nuestro padre nos animaba a superarnos a nosotros mismos cuando nos invadía la inseguridad; o aquel hermano era la alegría que nos faltaba en el corazón y que nos impulsaba a hacernos mayores deprisa; o aquel nieto nos despertó una ternura que ya habíamos olvidado con los años y las penas; tal vez aquella madre tan especial nos enseñó como nadie el valor de la familia, de los encuentros y de la reconciliación cuando nos sentíamos enfadados; o aquel hijo adolescente que educabas con tanto esmero significaba la masculinidad protectora y generosa que nunca habías experimentado; o tu marido te dio confianza en ti misma, te hizo sentir querida y bella, una sensación nueva en tu vida.

Cuando exploramos el espejo roto, nos damos cuenta de cómo han configurado nuestros seres queridos lo que somos, dándonos lo que más necesitábamos. Es como si una telaraña de relaciones nos sostuviese de forma misteriosa, y aunque muchos de ellos ya no están, continuamos sintiendo la reparación de aquellas heridas. Recordar se convierte entonces en el terreno fértil en el que podemos depositar las semillas que esas relaciones nos han dejado para que puedan seguir fructificando en nuestro interior.

EL FUTURO NO VIVIDO

Pero no solo nos afligimos por lo que hemos perdido nosotros. También puede ocurrir que cuando te sientas triste o melancólico y explores esa aflicción, lo que te venga al corazón sea el tiempo futuro que ya no vivirá o que ya no viviréis juntos. Y entonces las lágrimas te dirán cosas como...

- «A mi marido le hacía mucha ilusión la jubilación. ¡Ahora que estábamos a punto de tener tiempo para nosotros! Teníamos pensado viajar por todo el mundo.»
- «Nuestra hija se casaba el año que viene. ¡A mi mujer le hacía tanta ilusión! Lo esperaba con tantas ganas, solo hablaba de los detalles de la boda...»
- «No veré crecer a mi hijo, con las ganas que tenía de cumplir dieciocho años. Tenía una lista de las cosas que quería hacer cuando acabase el bachillerato.»

- «Lo que más siento es que no verá crecer a sus nietos: eran su ilusión.»

Seguramente, sientes la tristeza por el futuro no vivido con tu ser querido cuando miras un folleto sobre algún país lejano, cuando paseas por la calle y ves a los compañeros de clase de tus hijos, cuando las amigas de tu hija se casan o se quedan embarazadas, cuando ves en el parque a los abuelos cuidando de sus nietos... Estas situaciones, imágenes y recuerdos provocan una gran tristeza que tiene que ver con la pérdida de lo que ya nunca será.

Las personas que se encuentran al final de su vida también realizan el duelo por el futuro que ya no podrán vivir. Lo expresan hablando de los nietos que no verán crecer, de la vida en pareja de la que no disfrutarán, de las puestas de sol que no volverán a ver. En ocasiones, manifiestan sus miedos porque ya no podrán proteger a sus hijos. Para las personas que las rodean, escucharlos puede resultar muy doloroso, pero es importante estar presentes y permitir que expresen esa pena. No hay que huir de esas situaciones, sino permanecer al lado y escuchar, y suscitar el relato de todo lo que han soñado para sus seres queridos. Ese es el papel tan importante que desempeñan los profesionales que acompañan al final de la vida y en el duelo: estar presentes y animar a los seres queridos a escucharse y ser testigos de la expresión de ese dolor.

La muerte de mi hijo me ha dejado un vacío muy grande, es indudable. Pero lo que más daño me hace ahora es pensar en lo que él se ha perdido. Solo tenía veinticinco años y estaba muy ilusionado con su nuevo trabajo, con el hecho de que se estaba independizando de nosotros, con la pareja con la que tenía planes de vida, con el piso que estaban buscando. Me decía: «Mamá, estoy en el mejor momento de mi vida. ¡Tengo tantas ganas de vivir en pareja, de crear nuestro espacio!». Cuando veo chicos de su edad, siento una punzada inten-

sa en mi corazón: ellos viven, están. Observo sus cuerpos de arriba abajo, hago comparaciones, me pregunto por su salud. Cuando me dan la espalda, sueño que uno de ellos se gira y es él. Me pregunto qué estaría haciendo ahora, cómo disfrutaría del amor de su pareja, cómo serían sus hijos. ¡Le gustaban tanto los niños! ¡Tengo tanta necesidad de llorar por cada uno de esos recuerdos que no tendré! Las madres deberíamos tener un nombre para esos recuerdos no vividos. Y solo puedo hablar de eso aquí, en la terapia. Aquí nadie me para, nadie huye, puedo lanzarme a imaginar esos escenarios, y lloro y lloro... ¡Pobre hijo mío! A veces me enfado con Dios. ¡Lo encuentro tan injusto! Otras veces, en cambio, pienso que aunque no lo pueda entender, tiene que existir alguna razón, algún sentido. Como si esas ganas de independizarse hubiesen tenido lugar de la manera más misteriosa, dolorosa y difícil para mí. Venir aquí me ayuda, y cuando hablo y veo que tú también te emocionas, me siento acompañada, siento que me hace bien... Es como si hablar de cada uno de esos recuerdos, que no son recuerdos, me aliviase la pena de sentir que jamás se harán realidad.

Es necesario que puedas hablar de ese futuro, imaginarlo, describirlo, ponerlo en palabras e imágenes, y vivir la emoción que te provoca. Sentir te permitirá captar el significado profundo de lo que habría sido esa experiencia que nunca vivirás en la realidad. Si dejas todas estas fantasías imaginadas encerradas en tu corazón, hacen daño y pesan. Compartirlas abiertamente con alguien que te escuche con interés, con curiosidad, y que te ayude a explorarlas, te permitirá llegar a comprender mejor el valor de esa relación, tus necesidades afectivas y el significado profundo de ese vínculo en tu vida. Y comprobarás, poco a poco, que ese futuro no vivido deja de hacerte tanto daño.

A algunas personas les gusta elaborar el futuro no vivido escribiendo. Podemos redactar una carta a nuestros seres queridos, e incluso simular que la contestan. Este ejercicio puede ser muy reparador. Si lo hacemos en grupo, con alguien con quien podamos compartirlo después, mucho mejor.

Un aspecto especial de lo no vivido es también realizar el duelo por todo *lo que nunca podremos reparar* con aquella persona. Las cosas vividas que hemos perdido nos hacen daño, pero también nos duele aquello que tanto necesitamos de esa persona y no nos supo o pudo dar. Es posible que te sientas afligido porque nunca experimentaste una relación de apoyo y afecto con la madre que te abandonó, o por la pérdida de la confianza en un padre que siempre estaba enfadado, cansado o ocupado, o el hecho de no haber experimentado nunca qué significa ser un niño porque tuviste que cuidar a un hermano enfermo o a un padre alcohólico, por ejemplo. También puedes sentir pena por la reconciliación que ya no se producirá con un hermano que te maltrataba o por el hijo que nunca podrás tener con aquella persona que querías tanto. O es posible que se trate del duelo por la relación de pareja con la que siempre soñaste y que ya no será posible porque la persona a la que amabas muere.

Hacer el duelo por una relación difícil es colocarla en un lugar de tu corazón donde no duele.

Cuando me dijeron que habías muerto, papá, sentí alivio. No quise ir a recoger tu cadáver, lo que quedaba de ti. Pagamos el entierro y el nicho, pero ninguno de nosotros quisimos estar presentes. Reconozco que aquella frialdad, aquella indiferencia, tenía que ver con el enfado que sentía hacia ti, hacia todo lo que nos hiciste en nuestra infancia. Los recuerdos de la tranquilidad que vivíamos durante tus largas ausencias se alternaban con los del terror al saber que regresabas de tus viajes. La simple idea de que entrabas por la puerta de casa me helaba el corazón. El miedo en los ojos de mamá, los pequeños que corrían a esconderse debajo de la mesa... Ella y yo nos mirábamos en silencio y siempre nos leíamos mutuamente las mismas preguntas sin palabras: «¿Cómo llegará? ¿Estará violento? ¿Qué nos hará hoy?».

He estado enfadado contigo, papá, durante muchos años. Demasiados. Y esa frialdad que me invade el cuerpo y el corazón ha sido una constante en mis relaciones hasta hace poco. El trabajo personal en terapia me ha ayudado a descongelarme, a liberar ese terror que tenía grabado en el cuerpo. No ha sido un camino nada fácil; he llorado y he gemido, y he bajado al infierno de mi odio, de desear tu muerte, de imaginar incluso que te mataba. ¿Sabes? Para un niño es terrible darse cuenta de que desearía matar a su padre, soñar con las mil maneras en que podría hacerlo, y al mismo tiempo sentir que eso no está bien, que es terrible, y la confusión de pensar que como hermano mayor tenía que proteger a mamá y a mis hermanos pequeños.

El infierno en el que he vivido sometido durante muchos años desapareció el día que, en medio de mi odio, de mi desesperación y mi miedo, pude romperme y me rendí a una verdad simple y nítida: que te quería, que deseaba tenerte, que te necesitaba. Que soñaba que un día cambiarías, que fantaseaba con tu regreso a casa, feliz, contento, amable, protector. Que me acariciarías y nos pedirías perdón a todos, y podríamos tener al padre que siempre habíamos necesitado. Y que mamá podría relajarse, recuperar su sentido del humor, su alegría. Y que nunca más veríamos aquella mirada triste y asustada en sus ojos.

Aquel día, cuando se rompió aquel muro, al darme cuenta de que el odio que sentía solo era el dolor de no sentirme querido, algo se deshizo en mi interior. Y en medio de aquella rendición acepté el hecho de que estabas enfermo, que posiblemente era una enfermedad mental la que nos había robado a nuestro padre, que no eras responsable ni consciente de lo que hacías, de todo el daño que nos hiciste. Desde entonces puedo verte de otra manera, como un hombre enfermo, perdido en su cabeza, incapaz de controlar sus actos y cuya única vía de huida de la angustia que debías sentir era el alcohol. Han sido unos años difíciles, y con mamá hemos podido hacer una reconstrucción de tu historia. He recuperado los recuerdos de los primeros años de mi vida. Mamá explica que eras un hombre distinto, cariñoso, ilusionado con mi llegada. Con mamá he podido recobrar una parte de la historia que nos ha hecho bien a los dos.

Y entonces he podido verte de otra manera: como un hombre frágil, fragmentado, solo y perdido. He podido conectar con la pena de no haber sabido ayudarte, de imaginar la soledad de tus últimos años. ¿Dónde estabas, papá? ¿Alguien cuidó de ti? ¿Cómo fue tu muerte? ¿Hubo alguien a tu lado?

¿Pensaste en nosotros? Este último año he acudido a los servicios sociales y he conseguido información sobre tu muerte. No tenemos gran cosa, pero estamos preparando una pequeña ceremonia; hemos comprado una lápida y ahora tendrás un lugar con tu nombre, y un reconocimiento a tu vida y a tu muerte. No todos los hermanos quieren estar presentes (es natural); no pasa nada... Estaremos los que tengamos que estar.

Necesito recuperar al padre que podrías haber sido, el que estoy seguro que desearías haber sido. Por eso te escribo ahora, con la certeza de que desde el cielo me perdonarás.

¡Te quiero, papá!

DESPEDIRSE

«Tienes que despedirte», te dice la gente, y puede que también tu terapeuta. Asimismo, es posible que hayas escuchado «tienes que dejar ir, ¿todavía estás así?, estás demasiado enganchado y no quieres avanzar».

Pero ¿es cierto que afrontar el duelo significa despedirse del ser querido? ¿No será que los que tienen prisa son los que te rodean (incluido el terapeuta), que quieren verte bien y te empujan a hacer cosas para las que claramente todavía no estás preparado?

Muchas personas en duelo, y puede que tú seas una de ellas, afirman que esa idea de «decir adiós» no les gusta. Se rebelan contra esas palabras. Las viven como una traición hacia su ser querido. Otras les encuentran un significado liberador, e incluso preparan un ritual o un texto para expresar esa despedida. Es importante respetar lo que a cada persona le vaya mejor en cada momento. Me gusta la idea que suelo sugerir a quienes acompaño: pensar que «pueden despedirse de una parte de la relación», de esa parte que ya no estará nunca más, y no despedirse de la parte que siempre llevarán en sus corazones y que necesitan tener presente.

La idea de «decir adiós a la parte de la relación que...» tal vez te resulte más sencilla. A muchas personas, la expresión *hasta pronto* les aporta mucha más paz que un simple *adiós*.

Cuando acompañamos a alguien en el final de su vida, animamos a las familias a despedirse: «Vete en paz, todo está bien, no hay nada que te retenga aquí...». A los que hemos trabajado con enfermos en cuidados paliativos nos gusta decir que es una manera de dar permiso a la persona para que se marche y un paso en el camino de aceptación de nuestro duelo. Es indudable, y tenemos muchas experiencias al respecto, que despedirse facilita el proceso de la muerte y aporta a la familia mucha más paz. Es como darse permiso mutuo para seguir viviendo los que se quedan y marchar el que muere. A menudo, los miedos, el deseo de protegernos del dolor y los muros de silencio que rodean a la persona enferma hacen que esta tarea resulte difícil. Por desgracia, en muchas familias no es posible esa despedida. Asimismo, cuando la muerte es repentina, no tenemos la oportunidad de realizar ese gesto. Por eso consideramos que despedirse se encuentra también en la lista de los asuntos pendientes.

Para despedirse es preciso haber puesto palabras a los aspectos de la relación, a los recuerdos y vivencias de los que nos desprendemos. De hecho, despedirse resulta mucho más fácil si se resuelven todos los asuntos pendientes.

NOTAS DEL TERAPEUTA

Para decir «¡adiós!», primero hay que decir «¡hola!»

Pilar tiene veintinueve años. Perdió a su madre hace seis; es decir, a los veintitrés. Hoy hemos hecho la entrevista de acogida. Me ha explicado que sus padres vieron morir a su hermano de ocho años en un accidente doméstico: se cayó mientras jugaba, con tan mala fortuna que se dio un golpe mortal en la cabeza. Ella nació un año después. Su madre dejó de trabajar para dedicarse a ella en exclusiva: no se separaban nunca, la mimaba y la consentía en todo. Tenían una relación totalmente dependiente. Con su padre tuvo una relación difícil; siempre la comparaba con el hijo muerto. Al morir su padre, empezaron a dormir juntas. «Ahora seremos como hermanas, lo compartiremos todo», decía la madre. Cuando iban por la calle, se daban la mano. Al morir su madre, Pilar cayó en una depresión severa: ganó mucho peso, dejó su trabajo y empezó a experimentar ataques de angustia. En esta primera sesión explica que la ve por la calle, que se despierta por las noches y cree que está con ella, en la cama. No ha cambiado de titular los recibos de la casa, tiene su silla tal como la dejó hace seis años. No permite que nadie entre en casa para que no toquen las cosas. Piensa que no puede vivir sin ella. Los días señalados se pone fatal, nerviosa, triste, y se encierra todavía más. En este primer encuentro la escucho prácticamente sin interrumpir, mostrándome interesada por la historia, conmovida por su grado de sufrimiento. ¡Es tan importante establecer el vínculo cuando alguien está en un proceso de negación! Cualquier crítica o confrontación, por pequeña que sea, invalida a la persona, que se siente inadecuada, y se va de la consulta para no volver nunca más. Este extracto pertenece a la segunda visita:

—Pilar, veo que has sufrido mucho todos estos años desde la muerte de tu madre. Pero tengo la sensación de que no tienes claro lo de acudir a terapia. ¿Cómo ves la idea de venir y compartir una vez a la semana, y hablar sobre lo que estás viviendo?

—La verdad es que no quería venir. Ha sido el médico de cabecera el que me ha enviado. Hoy ya no quería venir, esta semana he soñado con ella y me decía: «No vayas a terapia. Si vas, harán que me olvides».

—Pilar, ¡llevas seis años esforzándote por mantenerla con vida por alguna razón muy importante! Aquí no la olvidaremos; al contrario. La terapia es para recordarla todavía más.

Suspira aliviada.

—¿De verdad? ¿Me dejarás hablar de ella todo lo que necesite?

Pensaba que hacer el duelo era despedirse y olvidar.

—No. Hacer el duelo no es despedirse y olvidar. De hecho, el duelo es decir hola y recordar. Elaborar el duelo significa recordar y poner en su sitio lo que no conocíamos del otro, de nuestra relación y de nosotros mismos.

—A mí no hacen más que decirme que tengo que despedirme ya, que tengo que dejarla marchar, que estoy enganchada. Todo el mundo me dice lo mismo.

—No. Aquí no tendrás que despedirte de tu madre ni dejarla marchar. Hacer el duelo nunca es olvidar. Me interesa mucho conocer a tu madre, la persona más importante de tu vida. Aquí podrás hablar de ella tanto como necesites.

La terapia duró dos años. Dos años dedicados a que Pilar conociese de verdad a su madre, una madre que ve morir a su hijo, que cree que es responsable de su muerte y que, para reparar su culpa, sobreprotege a la nueva hija. Y todo ello para no sentir aquel dolor inimaginable. La madre la ahoga y la hace dependiente, proyectándole sus miedos. Pilar entendió finalmente su historia y pudo hacer el duelo por aquella niña que nació para sustituir una relación perdida, y también el duelo de la madre que ve morir a su hijo sin poder hacer nada. A medida que Pilar realizaba este trabajo, pudo hacerse responsable de sí misma, empezar a invertir en su propia vida y despedirse a su manera de la parte de la madre que ya no necesitaba.

Todo el trabajo realizado hasta ahora (examinar las circunstancias de la muerte, abandonar corazas protectoras que pesan y aíslan, revisar la relación rota, escoger recuerdos especiales, perdonar y pedir perdón, expresar el agradecimiento por lo recibido...) es una manera progresiva de ir diciendo adiós. Se trata de un movimiento doble: al aproximarnos a la relación, al ponerle palabras, al tiempo que abrazamos la experiencia emocional que nos despierta, decimos adiós a todo aquello que ya no podrá ser de la misma manera. Además, creamos una nueva forma de relacionarnos, de tener presente al ser querido, de mantener la relación interiorizada en nuestros corazones para siempre. Nos hemos liberado de los recuerdos dolorosos transformándolos en una fuente de gratitud, amor y reconciliación.

Como puedes ver, todos los asuntos pendientes están relacionados entre sí.

Existen muchas maneras de resolver los asuntos pendientes: hablando con otras personas, poniéndoles voz, con pequeños rituales, realizando una actividad creativa... Escribir también es un buen modo de elaborar. Lo esencial es que cuando utilicemos alguna de esas herramientas, a las que llamamos *técnicas expresivas*, pongamos todo el corazón: es preciso ir muy poco a poco, manteniendo la atención sobre todo lo que ocurre en nuestro interior y sintiendo la emoción que, indudablemente, nos despertará cualquiera de esos gestos, la emoción de poner palabras al dolor y explorar el mensaje que esconden nuestras lágrimas.

Este escrito está redactado por un padre el día que su hija hubiese cumplido dieciocho años. En la primera parte del ejercicio, expresó su profundo sentimiento de culpa por no haber podido protegerla de la enfermedad y del intenso sufrimiento que padeció.

En la siguiente sesión, el padre trajo la «respuesta» de la hija.

Hoy habría cumplido dieciocho años, papá, si todavía estuviese aquí, en la tierra, con vosotros.

No quiero que llores más mi muerte.

Ahora «soy» para siempre, no tengo edad, ni espacio, ni cuerpo que me pese.

Y estoy a vuestro lado en todo momento.

No corras más, papá. ¡Párate! Te veo tan acelerado, sin tiempo para mirar a tu alrededor...

Y así no me ves... y yo estoy a tu lado.

Cuando llevas a mis hermanos al colegio, cuando te paras a ayudarlos con los deberes, cuando mamá cocina, cuando plancha la ropa con tanto cuidado y amor...

Ahora soy el amor que os rodea.

Estoy en las lágrimas que vertéis en la cama, abrazados. No te enfades más, papá, no te sientas culpable.

Hiciste todo lo que pudiste. Sé que habrías dado la vida por mí.

Pero yo no quería, tenía que hacer mi camino, el que me tocaba.

Vive plenamente, hazlo por mí.

No caigas en el resentimiento, en no cuidarte y no cuidar a mis hermanos, una manera de mostrar tu enfado con la vida.

Ellos te necesitan.

Haz que mi muerte no sea el fin de tu vida, sino un inicio de renovación para ti y para todos vosotros, un vivir la vida más presente, con más amor, con más compasión.

Yo ya no necesito cumplir dieciocho años.

Ahora soy para siempre, y para siempre estoy a vuestro lado.

Y cuando llegue vuestra muerte y abráis los ojos a la otra vida, me encontraréis esperándoos.

Me habéis dado diecisiete años de felicidad en una familia unida.

¡Gracias!

Te quiero, papá.

Capítulo 9
LA INTEGRACIÓN DEL LEGADO: EXPERIMENTAR EL CRECIMIENTO Y LA TRANSFORMACIÓN

Mis sentimientos son prisioneros de tu recuerdo, y necesitan liberarse y volar muy alto. Tengo la necesidad de dejarte marchar para poder mirarme y pensar que puedo llevarte dentro de mí sin tenerte atrapado, sin que me tengas atrapada... Necesito buscar el camino de la felicidad, que solo podré encontrar cuando cierre definitivamente esta etapa. Me siento cansada de rebelarme contra todo y contra todos; ya es hora de que esa rebelión sea en mi interior... Quiero dejar de preguntarme «cómo sería si...», porque ahora sé que tengo que pensar en lo que realmente quiero, y solo yo puedo encontrar la respuesta. Y eso significa mirar hacia delante. Y me surge la «gran pregunta»: ¿quién soy? Ahora mismo, «la pareja de...», «la madre de...», «la que trabaja en...». Pero, en realidad, ¿quién quiero o puedo ser? Todavía no tengo la respuesta, pero lo que sí sé es que quiero dejar de ser «aquella pobre chica». Quiero reconstruir todos los trocitos rotos para poder ser yo y dejar de «funcionar para los demás». Quiero recuperar aquella parte de mí que se fue contigo. Hubo momentos en los que pensé que estaba a punto de lanzarme al vacío y me daba miedo que no se abriera el paracaídas. Pero ahora ya no tengo miedo. Ahora soy capaz de dibujar mentalmente una nueva realidad, propia y distinta. Te he querido como nunca había querido a nadie, te he añorado como nunca había añorado a nadie, te he llorado con todas mis lágrimas... Y ahora soy capaz de quererte y recordarte con un corazón nuevo.

Muchas de las personas que acompaño me suelen preguntar ¿qué hay al final del duelo?, ¿cómo acaba el duelo?, ¿dónde? Los caminantes que cada año recorren el camino de Santiago, suelen hacerlo muy deprisa. Planteárselo como una carrera de competición es el objetivo de muchos de ellos: «¿En cuántos días has hecho esta etapa?», se preguntan mientras cenan en las hospederías que van encontrando el camino. En una de ellas, cerca de la última etapa final que conduce ya a la ciudad de Santiago de Compostela, se lee en un gran rótulo pintado en una pared:

Peregrino, ¿adónde vas tan deprisa?
si el único lugar donde debes llegar es a ti mismo.

El camino del duelo puede hacerse de muchas maneras distintas y puede llevar a distintos lugares. Depende de ti, y de nadie más. Nadie puede darte lecciones sobre el ritmo o la dirección que debes tomar, o dónde puedes parar y dar por concluido el camino. Algunas personas dan su duelo por concluido cuando la sintomatología de tristeza y añoranza ha remitido, se encuentran mejor, funcionan mejor en su vida diaria, han recuperado una cierta normalidad y pueden ocuparse de las labores y actividades domésticas o laborales cotidianas. A este final le llamamos *resiliencia*. Las personas resilientes responden bien a las pérdidas, sufren una respuesta desreguladora baja y una disrupción mínima en su funcionamiento diario y se recuperan en un menor tiempo.

Otras personas afrontan la muerte del ser querido como una vivencia a la que necesitan dar un sentido, quieren entender por qué les ha sucedido a ellos, se esfuerzan en intentar buscar la razón de sus emociones y manifiestan que su vida debe cambiar para bien a raíz de lo sucedido. «Queremos que nuestro bebé no haya muerto en vano», me decían unos padres en la primera visita. Estos peregrinos caminan con la mirada puesta en su interior, atentos a lo que sus emociones y pensamientos les señalan, y nos hablan de los cambios sustanciales que van experimentando, algunos muy visibles y aparentes, otros más interiores, sutiles y profundos. Son cosas que han aprendido sobre sí mismos, sobre las relaciones y sobre la vida. Muchos de ellos necesitan sentir que estos cambios, de alguna manera, mantienen viva la conexión con su ser querido, que son cambios «en su honor». Esto es a lo que se referían esos padres al hablar de su deseo de que la muerte de su hijo no fuera en vano. A este camino le llamamos el camino de la resignificación en duelo o del crecimiento y transformación. El *camino del crecimiento y la resignificación* es posiblemente más lento, con más altibajos y vaivenes emocionales, y conlleva más sufrimiento y afectación en la vida que el de la resiliencia.

Y tú, ¿en qué camino te ves? Cuando miras hacia delante e intentas imaginarte a ti mismo el resto de tu vida, ¿cómo desearías que fuera tu vida futura? Y dentro de esa imagen, ¿qué protagonismo deseas que tenga tu pérdida?

EL LEGADO

Las personas que siguen este camino de transformación personal, cuando se imaginan su vida futura, desean vivir cambios que integren lo aprendido con la vivencia de pérdida. A estos cambios, a este impacto del duelo le llamamos *el legado*. Tu ser querido puede haber hecho testamento dejándote un patrimonio de bienes físicos materiales. Estos bienes te ayudarán y te permitirán tener mejores oportunidades de desarrollo. Pero tu ser querido y el camino que has realizado para sobrevivir a su pérdida pueden haberte dado un legado de bienes inmateriales cuyo efecto en ti puede tener mucho más impacto que el material. No lo dudes: las semillas que ha dejado dentro de ti y que solo tú puedes hacer germinar, son la mejor herencia que puedas recibir de tu ser querido. En este capítulo describiré los cambios que pueden darse, cómo se generan y adónde pueden llevarte.

Según nuestro modelo de entender el duelo hay cuatro fuentes de legado:

- Lo que has recibido de la persona en duelo: lo que te dio, cómo te hizo sentir (espejo roto).
- Lo que has recibido de su manera de ser: los rasgos de carácter, su manera de vivir la vida, sus valores.
- Lo que has recibido de su manera de morir: cómo afrontó la enfermedad y la muerte.
- Lo que has recibido del proceso de duelo: lo aprendido de ti mismo al afrontar el duelo.

A menudo, te vienen al corazón esos momentos en que tu ser querido te hizo sentir bien, especial, valioso, importante. Todo eso te lo dio con su mirada, sus gestos hacia ti, su manera de cuidarte. Recordar esos momentos, a pesar del dolor que despierta en ti, puede ser una fuente de gratificación y significación. Ya no está en tu presente, pero mantener vivo su recuerdo puede dar un nuevo sentido a tu vida al ponerte en contacto con ese amor y sentir su efecto en ti. Haber elaborado el espejo roto del que hablamos antes te ha permitido hacer esta integración.

¿Qué valores guiaban la vida de tu ser querido? ¿Qué rasgos de carácter le admiras? Cómo se comportaba, su manera de vivir la vida pueden ser fuente de inspiración para ti. El modelo de un padre o una madre, hermano, hija, amigo que te enseña los valores de la vida, las prioridades, o las cualidades que te ayudan a tener una vida mejor. Cuando piensas en cómo era, en cómo vivió su vida, sigues admirando esas cualidades que te empujan a mejorar. ¡Qué mejor herencia puedes tener!

También puedes aprender de su parte difícil, esa que no te gustaba. De manera extraña, también podemos aprender de eso. Es importante no idealizar al ser querido: en toda relación hay aspectos más complicados. Un buen legado es decidir que tú serás mejor en algún aspecto, que quieres ser distinto en esas partes que no te gustaban. La muerte te puede ayudar a poner en perspectiva una relación conflictiva y, desde esa distancia, puedes tener la ecuanimidad de entender los aspectos de la historia del otro que explican e incluso justifican esos fallos relacionales y aceptar incondicionalmente que tenerlo en tu vida forma una parte indisoluble de tu propia historia. Todo el trabajo que has realizado para perdonar te permite dar un paso adelante, salir de tu rol de víctima, fortalecerte, ser una persona más tolerante y responsable. Este es el legado que has podido integrar de lo que tu ser querido no pudo ni supo darte.

También aprendemos de la forma en que nuestros seres queridos han afrontado la enfermedad y su muerte.

Lo explica mucho mejor esta madre cuya hija murió de un tumor cerebral a los diecisiete años:

Durante toda la enfermedad, no la oímos quejarse nunca. Recibió tratamientos muy agresivos en varios hospitales, por lo que tuvo que soportar pesados traslados y viajes en avión. En los últimos, estaba ya agotada, sin fuerzas. Creo que lo hacía por nosotros, para complacernos: a sus diecisiete años, estaba más preparada para aceptar su muerte que nosotros, que seguíamos luchando convencidos de que en algún lugar encontraríamos un tratamiento que la salvara. Cuando le preguntaba, siempre me sonreía y me decía: «Estoy bien, mamá, pero me preocupas tú, te veo cansada». Siempre así, aceptándolo todo sin ni una palabra de contrariedad. El día de su muerte estuvimos todos juntos en la habitación y ella sonreía, pero con la mirada triste. Yo creo que estaba muy dolorida y exhausta. Sus ultimas pala-

bras fueron para su padre: «Mira que mamá esté bien». Ahora que han pasado unos meses puedo ver con claridad que ella sabía que se moría y no nos quiso preocupar. Quería protegernos a nosotros en vez de que fuera al revés. Ha sido una maestra para todos nosotros, no solo en cómo vivía la vida, sino también con la entereza, el amor y la generosidad con que vivió su enfermedad y muerte.

Hijas e hijos que han venido para mostrarnos un camino: maestros en la vida y en la muerte. Donde uno esperaría ver desesperación, rechazo, enfado y negación, ellos responden cuidando a los demás, pensando en los demás más que en sí mismos, esforzándose en no causar preocupación, sino en protegerlos. Estos gestos heroicos son una fuente de sentido a la hora de afrontar la enfermedad y la muerte de muchas personas y es muy emotivo verlo en personas tan jóvenes... ¡Cuántas veces he oído esta misma historia, y me sigue emocionando muchísimo escuchar a estas madres y padres! Estos testimonios son una fuerte inspiración y modelo para todos nosotros: nos trasmiten que hay una posibilidad de dar sentido a la última etapa de la vida, y ese sentido es poder seguir dando y recibiendo amor.

Aquí tenemos otro ejemplo de una persona con cáncer:

Los efectos de mi cáncer...

Los efectos de mi cáncer son muy limitados.
Mi cáncer no puede anular mi capacidad de amar.
Ni puede destruir mi esperanza.
Ni corroer mi gran fe.
Mi cáncer no puede comerse mi paz. Ni destruir mi confianza.
Ni matar la amistad que siento. Ni borrar los buenos recuerdos.
Ni silenciar mi coraje.

Ni invadir mi alma.

Ni acortar la posibilidad de una vida eterna.

Ni siquiera puede llegar a rozar mi espíritu.

De hecho, los efectos de mi cáncer son muy limitados.

Finalmente quería señalar que hay otro legado que recibes en este camino y son todos esos aprendizajes que has alcanzado gracias a ti mismo, al coraje que has demostrado al atravesar tu dolor, al enfrentarte a él y vivirlo. Has decidido no huir de ti mismo, mirarte en el espejo de tus emociones y aceptarlas con valor. Has aprendido a dialogar contigo mismo, con tu parte enfadada, con la que se siente culpable, con tu tristeza. También a expresar tus emociones difíciles y a aceptarlas, y esto te ha permitido darte cuenta de que, paradójicamente, esta apropiación mitiga su efecto en ti. Entonces has podido contener el impulso de negar tu dolor, de salir corriendo, de estar deprimido, de querer aislarte, de llenar tu vida de ruido, trabajo o sustitutos. Te has liberado de las capas de evitación y negación y has podido transformarte en alguien más consciente de sí mismo, con menos corazas, y más capaz de vivir la intimidad consigo mismo y con los demás.

Todo este legado puede manifestarse en varios ámbitos de tu vida. Los investigadores expertos en el estudio de los cambios que pueden sufrir las personas después de un trauma importante en sus vidas nos hablan de tres áreas en las que puede haber una transformación en positivo:[15]

- Cambios en la identidad, en la manera de percibirse a sí mismo.
- Cambios en el sentido de la vida y en la escala de valores.
- Cambios en las relaciones interpersonales, en la manera de relacionarse con los demás.

CAMBIOS EN LA IDENTIDAD
Y SENTIDO DE VIDA

Solemos llevar una vida muy ajetreada, llena de ruido y distracciones. Hemos perdido la costumbre de estar con nosotros mismos, de dedicar un tiempo a observar nuestro interior. Pero en ciertos momentos de nuestra vida, nos golpea una pérdida importante que nos obliga a parar y a hacerlo. Para muchos de nosotros esta mirada nos descubre cosas que no nos gustan de nosotros mismos: quizá nos demos cuenta de que no sabemos quiénes somos, y de que muchas de las cosas que hacemos en nuestras vidas, las hacemos sin ninguna conciencia de por qué lo hemos hecho.

Las personas en duelo muy a menudo se cuestionan los valores y las creencias que rigen sus vidas. Oímos expresiones como: «Ahora me doy cuenta de las cosas que realmente son importantes». La experiencia de duelo los lleva a darse cuenta de que lo que los ha motivado hasta ahora en sus vidas ha sido el trabajo, la posición social, las posesiones, el poder, el éxito. Y se dan cuenta de que todo esto a lo que le han dedicado tanto tiempo no los ayuda a sostenerse ni a afrontar su dolor. Esfuerzos dedicados a tantas quimeras de la vida no han servido de nada ante la pérdida que están viviendo.

Puede ser incluso que, en tu caso, hayas invertido en valores que solo aportan una ilusión de seguridad, y quizá en alguno de ellos has dedicado tanto tiempo y energía que han llegado a afectar la relación con tu ser querido. Ahora te das cuenta de que el auténtico éxito de la vida es tener relaciones plenas y satisfactorias con las personas que queremos o pasar más tiempo de calidad con ellos, haber cuidado más de ellos, haber tenido más disponibilidad afectiva, haber escuchado más, haberlos conocido de verdad, haber disfrutado de sus dones. Afrontar un duelo, la posibilidad de perder a un ser querido o de enfrentarnos a nuestra propia muerte nos conciencia de que tenemos un tiempo limitado y que aprovecharlo implica un cambio en nuestra escala de valores.

Esta transformación puede ser un proceso que se manifiesta de una manera muy sutil, casi imperceptible. Seguramente, muchos de nosotros, a pesar del duelo, seguimos cocinando, llevamos a los niños al colegio, vamos a trabajar o al banco... Aunque nuestras ocupaciones no nos satisfagan del todo, sentimos que las hacemos de una manera distinta, más atenta, más presente, con menos temor a estar en intimidad, a mostrar nuestra vulnerabilidad, a expresar lo que sentimos, a revelarnos tal y como somos.

Mi hija me ha enseñado quién soy, a encontrarme a mí mismo, atravesando las capas de la coraza emocional con las que me he protegido toda la vida. He aprendido a asumir riesgos emocionales: mostrar lo que siento, ser más afectivo y sensible, no ir con tantas prisas, ser más compasivo con los que sufren... He tenido que vencer a mis demonios (la vergüenza de mí mismo, el resentimiento hacia los demás, el gusto por sentirme víctima y mi tendencia a protegerme de mis emociones y de las ajenas). Ahora, cada vez que me atrevo a expresar lo que siento, me invade un sentimiento de alivio, de confianza, de esperanza, indescriptible. No tengo muchas palabras para describirlo: he aprendido a reír, a llorar, a gritar, a abrazar, a decir sí y también no. Cuando algo me hace daño, lo admito, y cuando me equivoco puedo reconocerlo. Mi duelo me ha enseñado a creer en mis sueños, a vivir la vida con más alegría y más generosidad, y a no tener miedo a arriesgarme.

CAMBIOS EN LAS RELACIONES INTERPERSONALES: DESCUBRIR QUE NECESITAS A LOS DEMÁS

Al enfrentarte con tu sufrimiento, es posible que hayas conectado con tus sentimientos de soledad. Nadie de tu entorno sabe o puede satisfacer tu necesidad de consuelo. Cuando buscas la presencia acogedora de tu familia, pareja o amigos, quizá te encuentres con un vacío: las palabras no consuelan y te sientes incomprendido por un entorno incapaz de responder a tus necesidades emocionales. El sufrimiento de la pérdida nos revela de forma dramática que somos interdependientes, es decir, relacionales: necesitamos a los demás. Si no recibimos un contacto cálido y afectivo, podemos acabar reprimiendo el dolor emocional con el impulso de aislarnos y buscar refugio en la soledad.

Cuando nos damos cuenta de nuestra desconexión de nosotros mismos y de los otros, se nos revela de manera nítida el hecho de que somos una misma cosa, que no hay separación; que lo que nos distanciaba de los demás y de nosotros mismos se compone del mismo material: nuestros miedos, la dificultad de expresar nuestras emociones, de escuchar las de los demás, las situaciones afectivas no resueltas, el caos interno de nuestra vida... Esa misma revelación nos aporta un sentido de unión, de compartir ese material humano imperfecto, de sentirnos vinculados con los demás.

Miramos nuestro pasado y nos preguntamos: «¿He sabido estar al lado de los demás cuando han pasado por pérdidas importantes?». Y no nos gusta lo que vemos. El escrutinio de nuestras vidas nos demuestra que tampoco nosotros llegamos a dar lo que pedimos a los demás. Al tomar una conciencia más amplia de nuestra vida imperfecta, nos convertimos en personas más sencillas, más tolerantes con nosotros mismos y con los que nos rodean. Podemos dejar ir los resentimientos que nos separan y conectar con las cualidades del agradecimiento, el perdón, la ternura, la humildad: se produce en nuestro interior un cambio profundo, una auténtica realización interior, una mitigación del sentimiento de alienación de nosotros mismos, de los demás y del mundo.

CAMBIOS EN LAS RELACIONES INTERPERSONALES: DESCUBRIR QUE LOS DEMÁS TE NECESITAN

Es posible que, durante un tiempo, sobre todo al principio del camino, te hayas retirado en el *espacio de tu dolor*, una especie de fortín donde te sientes con pleno derecho a ser una víctima de las circunstancias. Siempre es un lugar solitario («nadie lo vive como yo»), desde el que no hay más horizonte a la vista que el que te ofrece la parcela de *tu* experiencia única e individual. El sufrimiento intenso hace que a menudo apartes la mirada de los que te rodean. Si has perdido a un hijo, es posible que no mires a tu pareja, que no la veas. Tal vez, inundado por el dolor, olvidas que tus padres (los abuelos) también están de duelo. Si has perdido a tu pareja, quizá dejes de atender a tus hijos, o bien lo haces, pero te encuentras cansado e irritable, sin alegría ni gusto. Los demás se convierten en una molestia porque te obligan a salir del fortín.

Cuando nos damos cuenta de que todo este tiempo no veíamos lo que teníamos a nuestro alrededor, descubrimos que, con el lamento justificado de haber perdido una relación, estamos injustamente negligiendo parte de las relaciones que nos quedan. Esa nueva conciencia nos revela cómo la fortaleza construida originalmente para protegernos del dolor intenso, mantenida en el tiempo, se ha convertido en un refugio cómodo desde el que no necesitamos relacionarnos ni responsabilizarnos de los que nos quedan, ni implicarnos en su cuidado: un abrigo desde el que no aceptamos la vida con todo lo que nos depara. Esa cruda realidad nos ayuda a descubrir poco a poco que *las personas de nuestra familia viven dos duelos: el del ser querido que ha muerto y el de la parte de nosotros que no ha estado disponible todo ese tiempo.* Ese descubrimiento nos impulsa a salir del refugio, ocuparnos de sus necesidades y reconocerlos como iguales en el duelo. Algunas personas, años después de la pérdida, piden perdón por esa ausencia y por el daño que han podido causar; les hace bien y resulta reparador para las relaciones.

Las personas de nuestra familia viven dos duelos: el del ser querido que ha muerto y el de la parte de nosotros que no ha estado disponible todo ese tiempo.

Cuando murió mi hija, a los doce años, me lancé a un pozo de desesperación. ¿Cómo iba a sobrevivir a tanto dolor? Tiempos de insomnio, de parálisis, de rabia contra todo el mundo, de confusión, de estar fuera de mí... Después de dos años pedí ayuda: dos años más de terapia de duelo, grupos y talleres. Me parecía que no saldría de aquello, cuando un día, no sé exactamente cómo ni por qué, sentí en mi interior como si se abriese un espacio, como si germinase una semilla, como si apareciese una paz y una serenidad que me invadieron el corazón y me aportaban una dirección, como una sensación de sentido que no podía verbalizar y que me daba una chispa de esperanza. Aquel espacio me empujaba a mirar hacia delante y volar, a no tener miedo del futuro, a respirar a pleno pulmón. Al mismo tiempo me sentía acobardado; tantos años inmerso en la añoranza, en la culpa, en la desesperanza, en la comodidad de la depresión (ahora sí puedo llamarla así) que me protegía; en el derecho que como una respetable persona en duelo tenía para no cuidar de mis hijos ni de las personas que me quedaban, ni de mí mismo. En aquel pozo podía no amar la vida, dejarme llevar, maldecir y decidir no vivir. Poco a poco se fue haciendo la luz en mi interior al darme cuenta de que quererla a ella significaba decidir vivir, cuidarme y cuidar de los que me quedan; que sus recuerdos, cada uno de ellos, tenían que convertirse en un aliciente para estar más implicado, más presente. Y para eso tenía que salir del pozo, luchar contra aquella parte de mí que se había convertido fácilmente en una parte resentida, ausente, apática y malhumorada. En aquel momento percibí que el peor enemigo que tenía en mi duelo era yo mismo, y que ella me empujaba a mirarme como nunca me había mirado a mí mismo.

CAMBIOS EN LAS RELACIONES INTERPERSONALES: DESCUBRIR QUE EL DOLOR NOS UNE

En los primeros momentos de la pérdida, seguramente te hacías esta pregunta: «¿Por qué a mí?».

Era como ponerte ante la vida o ante Dios reclamando justicia. Te parecía que no tocaba, que tenías una suerte distinta a la de los demás, que la vida era injusta. A medida que has ido prestando atención a tus defensas, a tu enfado, a la culpa, y has podido comenzar a mirar tu experiencia con cierta distancia, te das cuenta de que a tu alrededor hay muchas personas que están pasando por lo mismo. Esa realidad ya la sabías, pero el sufrimiento era demasiado intenso y tu mirada no podía depositarse en otra cosa que no fuese *tu* dolor por *tu* ser querido. Ahora puedes dejar atrás esa etapa más egocéntrica en la que solo podías mirarte el ombligo. Ha sido necesaria durante un tiempo, pero ahora puedes alzar la mirada y reconocer a los que comparten la misma vivencia que tú, y darte cuenta de que eso que puede darte esperanza y aliviar tu sufrimiento no te servirá si no lo puedes compartir también con los demás.

Siempre he sido una persona muy creyente; mi fe ha sido para mí una fortaleza, y a pesar de lo que me ha pasado, sigo creyendo en la bondad de Dios y en la trascendencia de la vida. Cuando estaba en el hospital con mi hijita enferma, los primeros días del ingreso, rezaba cada día a Dios para que no me la quitase. Le hacía promesas, le suplicaba con todas mis fuerzas: «¡Sálvala, por favor! Usa tu poder para curarla, solo es una niña. Haría lo que fuese por ella». Al cabo de unos días empecé a conocer a los otros padres de la unidad y a sus hijos... Me sorprendió mucho; yo no sabía que había tantos niños con cáncer. Y entonces los incluí en mis oraciones. Pocas semanas después murió la niña de la habitación de al lado. Lloré con su madre, las dos abrazadas. Ese episodio me hizo pensar mucho. Me di cuenta de que no existía ninguna diferencia entre mi dolor y el suyo, y me sentí muy egoísta: «No me enfado con Dios si muere el niño de la habitación de al lado, mientras cuide de mi hija». Esos sentimientos me provocaban vergüenza; le di muchas vueltas. ¡Ya no sabía qué rezar! Hacerlo solo para mí me parecía un gesto un poco miserable. Cuando tomé más conciencia de que mi dolor debía de ser el mismo (o similar), con independencia de quien fuera el fallecido, dejé aquellas plegarias egoístas y abracé a toda la humanidad que vive la pérdida de un hijo: «Dios mío, haz que nuestros hijos se salven, pero si eso no es posible, ayúdanos a vivir el dolor de su pérdida. Dios mío, haz que mi hijita sobreviva, pero si eso no es posible, ayúdame a vivir y a superar el dolor de su muerte».

Esta toma de conciencia sobre el impacto del duelo en todos los seres humanos sin excepción también es una evidencia de la naturaleza interdependiente del sufrimiento. Cuando dejamos de estar secuestrados por «mi dolor», podemos conectar con todas las personas de la tierra que en ese momento están sufriendo como nosotros: aquella mujer que vive en otro país, de otra cultura y que acaba de perder a un hijo tiene exactamente la misma vivencia; es como si estuviésemos compartiendo el mismo dolor en un mismo cuerpo. Esta revelación, que es como una bofetada, nos sitúa ante lo absurdo de buscar respuestas individuales al sufrimiento de nuestra pérdida. El posesivo *mío*, producto de la ilusión de que somos independientes, choca contra la realidad de la interconexión con todos los seres humanos y queda vacío de contenido.

En esta última etapa, el duelo asume su dimensión interdependiente: ya no te haces preguntas tan centradas en tu propio dolor, sino preguntas que expresan amor por los demás, tu compasión por el sufrimiento del mundo, de todo el mundo. Y aunque no encuentras las respuestas, las puedes depositar en tu corazón y dejar que lo ablanden: «¿Por qué tiene que morir un niño pequeño? ¿Por qué hay quien pierde a su madre? ¿Qué sentido tiene el sufrimiento en el mundo?».

LA IMPORTANCIA DEL AMOR

Al examinar nuestro dolor por la muerte de un ser querido caemos en la cuenta de cómo el sinsentido de su pérdida se deposita sobre el sinsentido de nuestra vida.

«¿Por qué ha muerto? ¿Cómo es posible?» Estas son preguntas que nos hacemos desde la parte de nosotros que cree que lo puede controlar todo, esa máscara ilusoria o en parte narcisista que nos hace sentir omnipotentes, seguros, invulnerables. Al fin y al cabo, tenemos nuestra casa asegurada, nuestras propiedades, comida... ¿Y por qué no la salud? ¿O los hechos fortuitos de la vida? No en vano, la sociedad realiza un gran esfuerzo por conservar nuestras vidas individuales y crecemos pensando que eso es una certeza y un derecho natural. El duelo nos revela que nuestra capacidad de proteger a las personas es limitada, por más que luchemos para que sea ilimitada, y por más que nos enfademos cuando descubrimos que no podemos controlarlo todo. A medida que nos desprendemos de nuestro enfado con la vida y/o con Dios, descubrimos una verdad que nos ablanda y nos ensancha el corazón: no podemos proteger a nuestros seres queridos, solo podemos amarlos... «No he podido protegerlo» se convierte en «no lo he amado lo suficiente».

No podemos proteger a nuestros seres queridos, solo podemos amarlos...

Cuando examinamos nuestros asuntos pendientes , «tendría que haber estado más con ella»; «no me he despedido, no me atrevía a estar allí»; «tendría que haberle pedido perdón por tantas cosas...»; «nunca le dije que lo quería»; «ha muerto mi hijo y creo que en realidad no lo conocía», nos damos cuenta de que hemos pasado demasiado tiempo centrados en otras cosas y no hemos aprovechado el tiempo que teníamos, no hemos estado ahí porque estábamos trabajando o demasiado inmersos en nuestro mundo y en nuestras quimeras, o con una presencia ausente, cansada o exigente. Las relaciones que teníamos con nuestro ser querido eran poco reales, ya que nos relacionábamos a través de nuestras máscaras de ego.

Con frecuencia establecemos relaciones no con la realidad del otro, sino con las expectativas que tenemos sobre él o ella. Es un amor basado en la posesión, en las exigencias de cambio: «Te quiero, pero tienes que hacer lo que digo, portarte bien, estudiar, servirme...». Es una relación basada en la utilización del otro, una relación instrumental.

No he pasado suficiente tiempo con él. No he invertido tiempo en conocerlo, en disfrutarlo. Solo lo reñía y le exigía logros. Y el resto del tiempo estaba demasiado ocupado trabajando o demasiado distraído con mis aficiones. Me justificaba diciéndome que tenía que sacar a mi familia adelante, pero ahora creo que en realidad era como una adicción al trabajo y a ganar dinero, alimentada por la ilusión de que él fuese lo que yo no he sido y que tuviese éxito, seguridad y reconocimiento. Ahora soy consciente de que he estado demasiado ocupado creando seguridades en las que mis sueños respecto a él pudiesen hacerse realidad, y no descubriendo quién era realmente mi hijo y cuáles eran sus sueños.

Cuando tienes expectativas sobre las personas, la relación se orienta a controlarlas con el fin de conseguir aquello que esperas de ellas. La prueba inequívoca de ese amor instrumental es que cuando no nos dan lo que queremos, nos sentimos decepcionados o enfadados. Muchas parejas acaban separándose entres reproches y ataques, fruto de ese amor instrumental que, paradójicamente, se manifiesta cuando uno de los dos no da al otro lo que necesita: «Te quiero si te quedas, te odio si te vas».

El duelo nos impulsa a abrirnos a la realidad humana de manera incondicional, a abrazar a toda la creación y disfrutarla sin querer utilizarla. Es entonces cuando podemos empezar a aprender a amar de otra manera.

Hija mía:

Es tu cumpleaños, y desearía abrazarte de nuevo y enseñarte todos los regalos que he recibido de ti. Ya que eso ahora no es posible, intentaré seguir compartiendo esos presentes con quienes los necesitan.

En lugar de brazos que suspiran por abrazarte, me has dado brazos para acercarme a otros padres que han perdido a un hijo.

En lugar de ojos llenos de pena por no poder verte crecer, me has dado ojos que pueden admirar la belleza de cada nuevo día.

En lugar de oídos que añoran escuchar las palabras «te quiero, papi», me has dado oídos que han aprendido a escuchar a otros que tienen el corazón roto.

En lugar de labios que no quieren más que besar tus lágrimas, me has dado labios que me han enseñado a decir: «Entiendo tu dolor, yo he estado donde tú estás ahora».

En lugar de un alma sin dirección ni propósito, me has dado la esperanza de que existe un lugar eterno en el que todos nos encontraremos de nuevo algún día.

En lugar de ser un padre que se toma la vida a la ligera, has dado a tus hermanos y hermanas un padre que aprecia cada aliento del día.

En lugar de un corazón torturado por el dolor, me has dado un corazón que se abre a los demás.

En lugar de una mente llena de resentimiento, autocompasión y rabia, me has dado una mente que entiende el regalo precioso que es la vida.

Quiero darte las gracias por todos estos regalos que me has dado, mi ángel. Intentaré hacer lo mejor para vivir mi vida de una manera que te haga sentir orgullosa de mí, tanto como yo lo estoy de ti. Espero que continúes compartiendo tus regalos conmigo, ya que ahora sí me siento dispuesto a aceptarlos y a comprenderlos.

Feliz cumpleaños, Jenica.

Te quiero y te echo mucho de menos.

Tu papi.[16]

RECUPERAR LA ESPERANZA

En los primeros tiempos posteriores a la muerte de tu ser querido piensas que nunca más recuperarás la esperanza, ni la paz, ni la alegría. Crees que tu vida nunca volverá a ser la misma y que es completamente imposible volver a ser feliz. ¡Nada puede darte esperanzas!

Tu ser querido no volverá. Entonces, ¿qué fuentes de esperanza vas a tener? ¿Puedes hacer algo para recuperarla? ¿Cómo se alimenta la esperanza? La respuesta es compleja, porque ella misma tiene que negarse para poder existir: la verdadera esperanza es la que se produce justamente cuando no hay ninguna esperanza. Cuando parece que todo se hunde, cuando no hay señal de ningún puerto, ningún faro que nos marque el camino.

La verdadera esperanza es la que se produce cuando ya no hay ninguna esperanza. Se nutre con un acto de fe: rendirse a la experiencia del duelo con el compromiso de hacer el camino con toda la conciencia posible.

De la misma manera que en la expresión profunda del vacío aparece la materia, en la aceptación de que somos débiles encontramos la fortaleza. Al aceptar humildemente nuestra pequeñez nos hacemos grandes. También en la aceptación incondicional de nuestro duelo surge una fuente de confianza y de amor. Esto es lo que hemos visto en este capítulo.

Recuperamos la esperanza cuando...

- Nos damos cuenta de cómo el duelo nos ha empujado a descubrir quiénes somos en realidad y experimentamos cambios en nuestra identidad.

- Somos conscientes de que seguimos amando y siendo amados, y que podemos mantener viva la relación y continuar extrayendo lecciones y aprendizajes.
- Compartimos nuestros recuerdos y nuestro dolor con los demás sin resistencias ni miedos, y experimentamos la interconexión profunda entre todos los seres humanos.
- Reconocemos un giro en la orientación de nuestros valores en la vida, posiblemente de ideales más superficiales y banales a otros más perdurables y profundos.
- Percibimos que nuestro sufrimiento y el ajeno tienen una razón de ser, aunque esta no se encuentre al alcance de nuestra mente analítica e intelectual.
- Aprendemos que nuestra capacidad de amar es ilimitada, y que sean cuales sean las circunstancias, siempre conservaremos la capacidad de responder con un gesto de amor.

Cuando piensas en el final de este camino, resulta evidente que *recuperarse* no es la palabra adecuada: el duelo no es una enfermedad de la que esperas rehacerte para regresar al estado funcional que tenías antes. Las personas que se encuentran en ese punto lo explican como un empezar a mirar el futuro sin experimentar su historia como un peso entorpecedor, sino más bien como una fuente de energía y una guía. La nueva vida, con sus cambios, ofrece la posibilidad de continuar honrando al ser querido y a su legado dándole cabida y al mismo tiempo reforzando la propia identidad renovada por la experiencia.

Explorar y vivir lo que es más real para ti hacen que tu vida resulte más intensa, más significativa. Cuando surgen las preguntas existenciales y espirituales, todo el trabajo realizado te aportará la lucidez mental y la sensibilidad del corazón necesarias para buscar las respuestas. Y decidirás que quieres vivir de acuerdo con lo que has descubierto. De ese modo te responsabilizas de ti mismo y pasas de ser espectador a sujeto propio. Puedes apropiarte de tus circunstancias y convertirlas en cocreadoras de tu vida: aunque no puedes cambiar lo que te sucede, puedes decidir cómo lo vives. La vida, entonces, cobra peso y profundidad.

Cuando murió nuestro hijo de una enfermedad fulminante, todas las creencias religiosas de mi familia se pusieron en duda. Sabía que podía aferrarme a la esperanza de que volveríamos a encontrarnos; también sabía que una parte de mí no podía creerlo, que era incomprensible y que aquel Dios era injusto, incluso «el sádico que se lleva a niños y jóvenes». También tuve que luchar contra la tentación de dejarme llevar a sentirme abandonado, y víctima de una vida y un Dios implacables.

El proceso de transformación incluye mi reconciliación con un Dios que no escucha las plegarias de unos padres, que no acepta intercambios ni negociaciones; darme cuenta de que mi dolor no es distinto al que sienten en este mismo momento miles de padres en todo el mundo; rendirme a la evidencia de que no sabemos si habrá reencuentro y que no lo sabré hasta que me muera. Y que sea cual sea el resultado final, no puede condicionar cómo decido orientar mi vida.

Cuando acepto este reto de cambio responsable de mi vida y de quién soy yo, siento que el amor de mi hijo sigue vivo, que continúa queriéndome, y yo, aceptando el reto, le demuestro cómo lo quiero. Esto, más que cualquier otra cosa, me da la esperanza de que me observa desde algún lugar.

EL MENSAJE DE LAS LÁGRIMAS

Las lágrimas derramadas por nuestro duelo deberían ayudarnos a vivir el resto de nuestras vidas con una conciencia más expandida sobre lo que nos rodea y nosotros mismos.

La experiencia de pérdida puede ayudarnos a parar y mirar con amor a las personas que nos rodean, a la naturaleza, los hechos cotidianos, el arte, la música, la creación... Entonces, todo adquiere un nuevo color. Nos damos cuenta de que el propósito de nuestras vidas −ser felices y tener paz− solo lo conseguiremos si descubrimos quiénes somos en verdad y reorientamos nuestro corazón a hacer el bien a los que nos rodean. Cuando dejamos que el duelo nos ablande el corazón, y que la bondad y el amor impregnen nuestras relaciones, la vida se torna fecunda y estimulante. Si nos dejamos guiar por el amor que hemos recibido de nuestro ser querido, por el legado que nos ha dejado, las decisiones resultan mucho más fáciles. «¿Esto me hace bien a mí y a los demás? ¿Podré hacer este camino con amor? ¿Estoy amado lo suficiente?» Y entonces todo lo que hacemos tiene un propósito, todo es especial, desde coger un autobús hasta comprar en el supermercado, fregar una escalera, dar la merienda a nuestros hijos o dirigir una reunión de equipo en el trabajo.

Las lágrimas vertidas fecundan nuestra vida y la orientan en la dirección del sentido más existencial-humanista, para algunos será un sentido más trascendental-espiritual: ejercer nuestras potencialidades como seres humanos, tomar más conciencia de nosotros mismos, ser más fieles y coherentes, tener en cuenta a los demás. Nuestro ser querido ausente nos hace su último regalo: situar nuestra existencia en aquello para lo que estamos llamados, ocupar nuestro lugar en el mundo y tomar posesión de la totalidad de nuestro ser. La vida, entonces, cobra peso y profundidad.

Las lágrimas son el precio que pagamos por amar. Cuanto más grande es el amor que sentimos, mayor es nuestra capacidad de emocionarnos. Podemos permitir que nos ablanden o que nos amarguen. Cuando nos comprometemos a reconstruir nuestra vida, viviendo nuestro dolor de manera consciente, sin esconder nuestra pena y compartiéndola, decidimos alimentar ese amor para que siga siendo fértil.

Las lágrimas abren caminos de esperanza, porque al derramarlas nos desvelan su mensaje.

EL LENGUAJE DEL DUELO

A menudo nos ocurre que no sabemos qué decir a los seres queridos o los conocidos que están pasando por un duelo. Muchos de los tópicos que utilizamos no ayudan; al contrario, provocan más daño que alivio. Aquí tienes una lista de frases que, dichas desde el corazón, pueden ayudar a las personas que están sufriendo. Y también se incluye una lista de expresiones, estereotipos y consejos que hacen que las personas en duelo se sientan mal.

PALABRAS QUE AYUDAN

Lo que siempre podemos decir

- Siento mucho lo que estás pasando.
- No tengo palabras para expresar lo que siento.
- He pensado en ti todos estos días.
- Aquí tienes mi teléfono; llámame si necesitas hablar con alguien. Si no me llamas, ¿puedo llamarte yo?
- ¿Puedo pasar a verte dentro de unos días?
- Seguro que lo echaréis mucho de menos.
- No puedo imaginar por lo que estás pasando.
- ¿Quieres salir a tomar algo?
- Cuenta conmigo para lo que necesites, también para hablar si quieres, o para distraerte. Lo que te vaya mejor.
- Ten por seguro que estaré a tu lado.
- Recuerda que somos muchos los que pensamos en ti.
- La gente no se imagina lo difícil que puede ser.
- Cuando intento pensarlo, no puedo imaginar lo terrible que debe de ser para ti.
- Sé que cada día es un esfuerzo, ¿verdad?
- Debe de ser agotador vivir con este dolor cada día.
- ¿Cómo te sientes? ¿Tienes ganas de hablar?
- ¿Te apetece hablar de cómo ha sido...?
- Aunque ha pasado un tiempo, sé que sigue siendo muy difícil, ¿verdad?
- ¿Prefieres estar solo/a o quieres que te haga compañía?
- ¿Puedo hacer algo por ti? ¿Cocinar, algún recado?
- ¿Puedo avisar a nuestros amigos para que contacten contigo?
- Me gustaría estar un momento contigo, si quieres, en silencio, y si tienes ganas, hablamos.

Ayuda cuando la muerte ha sido por suicidio

- Siento mucho lo que estáis pasando.
- Estamos con vosotros para todo lo que necesitéis.
- Seguramente estaba sufriendo mucho. Cuánto lo siento.
- Seguro que a la gente le cuesta entender por lo que estáis pasando.
- Pienso en vosotros cada día. Contad conmigo para lo que necesitéis.
- Si necesitas hablar con alguien, recuerda que estoy a tu lado para lo que necesites.
- A veces, estas situaciones nos hacen sentir culpables o enfadados. Recuerda que estoy contigo por si quieres hablar.

Ayuda en caso de pérdida perinatal (bebés que mueren poco antes o poco después del nacimiento)

- Imagino que lo esperabais con mucha ilusión.
- Siento mucho que tengáis que pasar por esto.
- La pérdida de un hijo siempre es devastadora, da igual el tiempo que haya estado con nosotros.
- Seguro que a la gente le cuesta entender lo que estáis pasando.
- ¿Qué nombre le habíais puesto? ¿Queréis recordarlo/a con ese nombre?
- ¿Qué habías imaginado para él/ella?
- ¿Cómo pensáis recordarlo/a?
- Siempre recordaré lo que os ha pasado.

Ayuda a personas creyentes

- ¿Hay alguna creencia que te ayuda?
- ¿Cómo crees que te ayuda ahora?
- Para los creyentes es natural sentirse enfadados con Dios.
- Podemos ser creyentes y sentir mucho dolor y tristeza, ¿verdad?
- Es natural sentirse abandonado por Dios en momentos así.
- A veces, el dolor hace que nuestra fe se tambalee. ¿Quieres hablar de eso?

PALABRAS QUE NO AYUDAN

Lo que no debemos decir nunca

- Ahora tienes que ser fuerte.
- Intenta distraerte.
- Ya verás como el tiempo lo cura todo.
- Ahora ya no sufre.
- Esto te hará más fuerte.
- Ahora podrás ayudar a otros padres.
- Seguro que lo superarás.
- Eres joven. ¡Seguro que te recuperarás! Puedes volver a casarte, tener hijos...
- Tienes que recordar las cosas buenas.
- No llores, que te hace daño/que nada te lo devolverá/que te torturas...
- Vuelve al trabajo enseguida, te distraerá.
- Estar enfadado no te lo devolverá.
- Ahora lo que tienes que hacer es estar ocupado/a.
- Las cosas pasan porque tienen que pasar.
- Esto te hará ser mejor persona.
- Los niños son pequeños, no se acordarán de nada.
- ¡Solo erais amigos!
- Suerte que todavía...
- Sé cómo te sientes... Mi... murió hace...
- El primer año es el peor.
- Es la vida, ¡todos tenemos que morir!
- Y eso que ahora tus hijos son mayores; imagínate si...
- Recuerda que hay personas que están peor.
- Suerte que tienes más hijos; los padres que solo tienen uno... Imagínate...
- Piensa en tus otros hijos.
- Piensa que ha tenido una vida plena.
- Ya es hora de que sigas adelante.
- Conozco a una persona a quien le pasó lo mismo y...
- Pero ten en cuenta que pudiste estar a su lado...
- Ya había cumplido con su papel en la vida.
- A él/ella no le gustaría verte así.

Las preguntas más desafortunadas y que nunca debes hacer

- ¿De qué ha muerto?
- ¿Cuántos años tenía?

**Lo que no ayuda en caso de pérdida perinatal
(bebés que mueren poco antes o poco después del nacimiento)**

- Mejor ahora que más adelante.
- Bueno, sois jóvenes...
- Mejor que hagáis como si no hubiese pasado.
- Te hemos sacado las cosas de casa para que no pienses en eso.
- Lo que tienes que hacer es quedarte embarazada enseguida.

Lo que no ayuda en caso de suicidio

- ¿Tomaba drogas?
- Lo ha querido así.
- ¿Cómo se ha suicidado?
- ¿Y no pudisteis hacer nada?
- ¿Tenía depresión?
- ¿No se medicaba?

Lo que no ayuda respecto a las creencias

- ¿Murió con los sacramentos?
- Ahora tienes que pensar que se lo/la ha llevado un ángel.
- Ha sido la voluntad de Dios, resígnate.
- Dios no nos da nada que no podamos asimilar.
- Dios lo quería con él.
- Ahora, en el cielo, estará mejor.
- Dios se lleva a los preferidos, a los mejores.
- Ahora tienes que pensar que está en el cielo.
- Dios debía de tener una razón para llevárselo.
- Esto reforzará tu fe.
- Dios ha puesto tu fe a prueba.

Lo que no ayuda cuando la persona en duelo es mayor

- Mejor no decírselo... Total, no se entera de nada.
- Mejor no decírselo... Que no sufra.
- Ya tendría que estar acostumbrado/a.
- Mejor que no vaya al funeral.

Lo que no ayuda cuando la persona que fallece es mayor

- Ya le tocaba.
- Era su momento.
- Ha tenido una buena vida.
- Era su hora.

CUIDAR DE TI MISMO CUANDO ESTÁS EN DUELO

La dimensión física

- Desacelera tu ritmo.
- Programa tu agenda con tiempo para ti y para los demás.
- Haz ejercicio regularmente.
- Haz una buena dieta: evita las grasas.
- Duerme adecuadamente.
- Cuida tus hábitos: deja de fumar.
- Haz actividad física regularmente.
- Mantente en contacto con la naturaleza.

La dimensión emocional-relacional

- Haz una lista de amigos para emergencias.
- Habla con tus compañeros de trabajo de lo sucedido.
- Dedica un tiempo a estar solo.
- No descuides tus relaciones.
- Pide ayuda si te sientes abandonado.
- Busca un grupo de apoyo.
- Crea un espacio de recuerdo en tu hogar.
- Recuerda que hay otras personas que le querían.
- Escribe un diario.

La dimensión intelectual-mental

- Evita todo aquello que contamine tu mente.
- Haz una lista de objetivos a corto término.
- No tomes decisiones importantes.
- Decide qué objetos de recuerdo quieres guardar y cuáles no.
- Lee sobre pérdidas y duelo.
- Haz una lista de las cosas positivas de tu vida.

La dimensión existencial-espiritual

- Busca cosas que te nutran espiritualmente.
- Haz actividades creativas: arte, música, escritura.
- Haz una práctica de silencio regularmente.
- Crea un espacio sagrado en tu hogar.
- Haz algún ritual que te ayude a expresar tus esperanzas.
- Haz algún servicio gratuito en tu comunidad.
- Explora el sentido profundo de tu pérdida.
- Busca una práctica contemplativa.

Apéndice B

MI DIARIO DE DUELO
GUÍA PRÁCTICA PARA UTILIZAR EN GRUPOS DE APOYO

Encontrarás en este anexo un material complementario a la lectura del libro que puedes utilizar adicionalmente para profundizar e integrar todo lo que has ido aprendiendo mientras ibas leyendo, capítulo a capítulo.

Verás que el material consiste básicamente en preguntas. No presento pautas, ni consejos, ni recomendaciones; solo interrogantes que te propongo para que puedas ahondar en tu experiencia y encontrar las respuestas que te faciliten el camino. Y como no hay un único camino, es posible que algunas de estas preguntas no encajen en tu vivencia de duelo y no tengan sentido para ti mientras que otras pueden abrirte espacios interiores nuevos que iluminen aspectos de tus emociones, pensamientos o recuerdos más difíciles. Quédate solo con lo que sientes que te dé paz, esperanza y sentido en este momento concreto de tu duelo; el resto de momento puedes saltártelo.

No obstante, es posible que algunas preguntas a las que ahora no encuentras el sentido o incluso te perturba plantearlas cobren relevancia en unos meses y puedas responderlas con la claridad que habrás adquirido al haber avanzado un paso más en tu proceso de duelo. Así, no rechaces estas preguntas, guárdalas, porque pueden ser la llave a una parte de tu corazón desconocida hasta ese momento.

Puedes trabajar las propuestas que te presento individualmente: después de cada capítulo puedes destinar un tiempo a leer y escribir siguiendo estas guías para reflexionar sobre lo leído y concretar y ahondar en esos pensamientos y sentimientos que se han ido despertando mientras te sumergías en cada capítulo del libro.

Ahora te toca trabajar a ti para hacer que la lectura de este libro no sea algo pasivo, sino que puedas concretar todo lo que te ha impactado, lo que has descubierto o incluso lo que no te ha gustado y no te ha encajado, escribiendo, reflexionando y convirtiéndolo en un dialogo interno fructífero. Hablar con nosotros mismos nos permite desarrollar nuestro yo interior, nuestra fuente interior de sabiduría, así que ¡atrévete! Saldrás fortalecido de la experiencia, te lo garantizo.

Sería ideal que compartieras este trabajo con otras personas que están pasando por lo mismo. Compartir en un grupo de duelo, o con alguna persona de tu confianza que también esté en duelo, te permite descubrir cómo los demás viven ese mismo dolor y cómo le dan sentido. Además, puede aportarte maneras nuevas y más saludables de vivir y, sobre todo, te da la oportunidad de sentirte acompañado, comprendido y autorizado a expresar tus emociones y preocupaciones más difíciles.

Para los profesionales que estáis leyendo este libro, estas actividades son una guía práctica para facilitar la dinámica de un grupo de apoyo en el duelo. Aunque el material está organizando secuencialmente siguiendo los contenidos de cada capítulo, el orden puede adaptarse según lo que cada persona esté viviendo en determinado momento y pueden alternarse actividades de uno u otro tema, aunque sí que recomiendo seguir la secuencia aproximada y no saltarse varios capítulos o temas. Una de las causas de iatrogenia psicológica en el acompañamiento del duelo es proponer intervenciones que fuerzan al doliente a elaborar aspectos de su duelo para los que no está preparado y para los que necesita más tiempo.

Es importante no proponer temas más aptos para las últimas

etapas del duelo justo después del fallecimiento o cuando el doliente está evitando su dolor o presenta síntomas de trauma. Por ejemplo, proponer actividades para integrar la relación, si la persona está en negación-evitación o si aún no ha aceptado las circunstancias de la muerte puede ser contraproducente. Como lo puede ser proponerle que escriba una carta de despedida si no ha asumido las circunstancias de la muerte o las tareas relacionales.

También es importante valorar el momento de duelo de cada persona y, en sintonía con las necesidades específicas de cada persona o grupo, se pueden proponer unos temas u otros.

TEMA 1. DISTINGUIR LA AYUDA QUE AYUDA DE LA QUE NO

Lee atentamente los apéndices «Palabras que ayudan» y «Palabras que no ayudan» de la página 244 a la 247.

Muchas personas que nos quieren de nuestro entorno tienen dificultades para escuchar nuestro dolor. Pueden intentar animarte con fases como «sé cómo te sientes» o «ya verás cómo lo superarás», pero sus palabras no parecen ayudarnos: se trata de frases hechas o tópicos que la gente utiliza cuando no sabe qué decir. Vivimos en una sociedad que no sabe afrontar el dolor. No nos han enseñado qué decir ni cómo responder ante una persona que sufre.

ACTIVIDAD 1
PALABRAS QUE AYUDAN, PALABRAS QUE NO AYUDAN

a. ¿Cuáles son algunas de las frases hechas que la gente te ha dicho y que te han hecho sentir mal?

b. ¿Cuál es la frase más tonta o poco acertada que te han dicho en referencia a tu duelo? ¿Cuál es la que más te ha herido?

c. ¿Cómo has respondido a estos comentarios?
   - Ignorándolos.
   - Confrontado a la persona.
   - Yéndome sin contestar.
   - Haciendo ver que no los he oído.
   - Avergonzándome y disculpándome.

d. ¿Qué te hubiera gustado dar como respuesta a esos comentarios y no te atreviste a decir?

e. ¿Hasta qué punto estos comentarios desafortunados han afectado tu deseo de pedir o rechazar la ayuda de los demás?

- Comparte todos estos puntos en el grupo.

ACTIVIDAD 2
PERSONAS QUE AYUDAN, PERSONAS QUE NO AYUDAN

A muchas personas, especialmente si son de nuestra familia, les cuesta vernos mal y tienen dificultades para escuchar nuestro dolor. Seguramente habrás oído más de una vez algo como: «¿Aún estás así?», «deberías estar mejor, ya ha pasado un año» o «¿aún piensas en ella?».

a. ¿Qué personas de tu entorno cuestionan tu manera de vivir el duelo?

b. ¿Por qué crees que tienen dificultades en aceptar cómo estás?
- *Se sienten mal por mi dolor.*
- *Les molestan mis expresiones de dolor.*
- *Tienen miedo a que les hable de cómo estoy.*
- *Tienen miedo a sufrir una pérdida.*
- *Quieren ayudar, pero no saben cómo.*
- *Quieren hacerme daño.*

A algunas personas les cuesta tanto el dolor de los demás, que se alejan para no tener que afrontar su propia impotencia.

c. ¿Qué personas de tu entorno se han alejado de ti desde que estás en duelo?

d. ¿Qué personas de tu entorno se han acercado a ti desde que estás en duelo?

e. ¿Qué personas de tu entorno desearías que se hubieran acercado y no lo han hecho?

Actividad 3
Buscar ayuda en un grupo

Muy a menudo, después de la muerte de un ser querido, nos sentimos incomprendidos por las personas que nos rodean y nos resulta difícil encontrar un espacio donde poder compartir nuestro dolor. Marca lo que más te gustaría encontrar en este grupo, puedes escoger más de una opción:

- Un espacio donde compartir sentimientos difíciles sin tener que preocuparme por herir a nadie.
- Alguien que me pueda escuchar y que entienda, que sepa por experiencia propia por lo que estoy pasando.
- Poder hablar de los aspectos de mi duelo de los que no puedo hablar con las personas más cercanas a mí.
- Sentir que no estoy solo, que otras personas sienten lo mismo que yo.
- Ayuda práctica y recursos para sentirme mejor.
- Ayuda práctica y recursos para ayudar a mi familia.
- Poder mitigar mis sentimientos de enfado.
- Poder mitigar mis sentimientos de culpa.
- Poder mitigar mis sentimientos de tristeza.
- Poder ayudar a otros que están en la misma situación que yo.

TEMA 2. NORMALIZANDO LOS SÍNTOMAS DE DUELO

Lee el capítulo 2, «¿Una experiencia a vivir o un problema a resolver?», en la página 25.

ACTIVIDAD 1
DESCRIBIR MI EXPERIENCIA DE DUELO

Lee el apéndice «Cuidar de ti mismo cuando estás en duelo» de la página 248 y marca lo que se ajusta a tu realidad.

- ¿Añadirías algo más? Comparte con el grupo cómo describirías tu experiencia de estar en duelo en unas frases.

ACTIVIDAD 2
NORMALIZAR MIS SÍNTOMAS DE DUELO

Revisa el cuadro «Reacciones normales de duelo» en las páginas 29 y 30 que detalla una lista de respuestas de lo que se considera normal que una persona sienta cuando ha vivido la muerte de un ser querido o cualquier otro tipo de pérdida:

a. ¿Cuáles estás experimentando y cuáles no? ¿Hay una dimensión sintomatológica que predomina?

b. ¿Hasta qué punto entiendes que todo esto es normal?

c. Comparte con el grupo tus dificultades en aceptar que son reacciones normales ante la pérdida de un ser querido.

ACTIVIDAD 3
¿EVITAR EL DOLOR O EXPRESARLO?

Lee las historias sobre la pérdida de José y Ramón y su manera de responder ante ellas en las páginas 31 y 32. Reflexiona individualmente sobre lo que piensas cuando lees estas historias.

a. ¿Qué consideras que es hacer un buen duelo?

b. ¿Qué crees que ha motivado a José y a Ramón a responder de manera tan distinta entre sí?

c. ¿Cómo te ves tú en relación con tu duelo?

ACTIVIDAD 4
¿DUELO O DEPRESIÓN?

- Observa la lista de expresiones que denotan la presencia de un duelo normal en fase aguda y una depresión. Comenta las diferencias. ¿Dónde te ves? Coméntalo también en tu grupo de apoyo.

TEMA 3. LOS MITOS DEL DUELO

Lee el capítulo 3, «Los mitos del duelo», en la página 45.

ACTIVIDAD 1
ENTENDER LOS MITOS DEL DUELO

Lee la anécdota contada por Elisabeth Kübler-Ross y el testimonio de la viuda tras la muerte de su marido en las páginas 45 y 46. Reflexiona sobre estas dos historias.

- ¿Qué interpretación le das a nuestra dificultad a hablar de la muerte?
- ¿Qué crees que debería haber sido distinto en estas dos historias?
- ¿Qué entiendes que es una buena muerte? Piénsalo en el ámbito de la comunicación entre la persona y su familia y seres queridos.
- ¿Qué sería o ha sido difícil para ti en una situación así?

ACTIVIDAD 2
MI MODELO DE AFRONTAMIENTO DEL DOLOR

Lee el apartado «Cómo se crean los muros de silencio» en la página 49. Observa en qué te identificas y en lo que no. Reflexiona sobre las siguientes preguntas:

- ¿Qué modelo de afrontar las pérdidas y gestionar las emociones difíciles tuviste de tus adultos de referencia en tu infancia?
- ¿De qué manera crees que influencian hoy tu manera de vivir el duelo?

ACTIVIDAD 3
MIS CREENCIAS SOBRE LO QUE ES EL DUELO

Lee el capítulo 3, «Los mitos del duelo», en la página 45.

- Reflexiona hasta qué punto estas afirmaciones son o no para ti mitos, falsas creencias o medias verdades:
  - *Nadie puede ayudarme.*
  - *Tengo que ser fuerte para los demás.*
  - *El tiempo lo cura todo.*
  - *Si no hablo de ello, estaré mejor.*
  - *Si lloro, molesto a los demás.*
  - *No es nada, puedo con todo.*
  - *Tengo que hacerlo solo, nadie puede entenderme.*
  - *Si sustituyo la pérdida, estaré mejor.*

  a. ¿Qué falsas creencias o mitos de duelo expresa tu entorno hacia ti?
  b. ¿Qué falsas creencias o mitos de duelo crees que tienes interiorizados?
  c. ¿Cuáles crees que son las consecuencias para ti de mantener estas creencias?
  d. ¿Qué crees que puedes hacer para gestionar mejor los muros internos o externos que estas creencias levantan?

- Reflexiona individualmente y comparte con tu grupo.

TEMA 4. CUIDÁNDOME A MÍ MISMO

Lee el capítulo 4, «Cuidar de uno mismo: momentos iniciales», en la página 69. También la tabla «Cuidar de ti mismo cuando estás en duelo» del apéndice A.

ACTIVIDAD 1
¿CÓMO ME CUIDO EN MI DUELO?

Dedica unos minutos a contestar estas preguntas:

a. ¿Cómo me estoy cuidando en el ámbito físico? (Higiene, dieta, autoimagen, deporte, economía, hogar, descanso, salud, etc.)

b. ¿Cómo me estoy cuidando en el ámbito emocional y relacional? (Tiempo que paso en familia y cuidando de los que quedan, de amistades, de las personas que me escuchan; mis relaciones sociales; el ocio, etc.)

c. ¿Cómo me estoy cuidando en el ámbito intelectual? (Tiempo para pensar, reflexionar, estudiar; lecturas; despertar intelectual; interés por la cultura, la política, las artes; etc.)

d. ¿Cómo me estoy cuidando en el ámbito espiritual y existencial? (Tiempo de silencio, comprender lo que me ha sucedido, encontrar significados, buscar el sentido de la vida y de la muerte, despertar espiritual.)

ACTIVIDAD 2
IDENTIFICAR LAS ÁREAS DE CUIDADO A MEJORAR

Date cuenta de las áreas de autocuidado que has descuidado. Reflexiona sobre estas preguntas:

a. ¿Qué necesitas hacer para mejorar cómo te cuidas?

b. ¿Qué es lo que se te hace tan difícil? ¿Qué obstáculos te impiden cuidarte mejor?

c. ¿Qué necesitas de ti mismo para poder cambiar eso, para superar esos obstáculos?

d. ¿Qué necesitas de los demás para poder cambiar eso, para superar esos obstáculos?

e. ¿Qué recompensa te darás cuando hayas conseguido estos cambios en tu autocuidado?

- Comparte con el grupo e intercambia recursos con el resto de los participantes.

f. Haz un acuerdo de mejora en alguna de estas áreas de autocuidado para los días venideros. Comparte con el grupo.

TEMA 5. LAS CIRCUNSTANCIAS DE LA MUERTE

Lee el capítulo 5, «El Duelo Agudo y las circunstancias de la muerte», en la página 87.

Es importante poder compartir las circunstancias de la muerte de nuestro ser querido con personas que sepan escucharnos. Necesitamos hacerlo muchas veces para eliminar el componente traumático de la experiencia, y para ello es imprescindible ponerlo en palabras una y otra vez. Podemos emocionarnos mientras lo relatamos: expresar estas emociones forma parte del proceso natural de sanación.

ACTIVIDAD 1
LA IMPORTANCIA DE CONTAR LA HISTORIA

- Comparte con el grupo las circunstancias de la muerte. Puedes seguir este guion o centrarte en los detalles que sean más importantes para ti:
  - *Los días anteriores...*
  - *Ese día yo estaba...*
  - *Lo qué ocurrió es...*
  - *Los detalles que recuerdo son...*
  - *Lo que recuerdo que sentí es...*
  - *Mis pensamientos fueron...*
  - *Las personas que me acompañaron fueron...*
  - *Las personas con las que pude hablar fueron...*
  - *Los días posteriores fueron...*
  - *En el funeral me sentí...*

- *Lo que más tristeza me da...*
- *Lo que más me enfada es...*
- *De lo que me siento más culpable es...*
- *Lo que más agradezco es...*

ACTIVIDAD 2
IDENTIFICAR LOS ASPECTOS QUE ME GENERAN SUFRIMIENTO

a. Identifica qué aspectos de las circunstancias del fallecimiento te causan más sufrimiento y son más difíciles de aceptar. Puedes utilizar esta lista como guía y seleccionar más de una opción:
   - El impacto del diagnóstico.
   - La percepción de que la muerte podría haberse evitado.
   - El ingreso hospitalario.
   - La relación con los profesionales sanitarios.
   - La percepción de que tu ser querido ha sufrido o ha estado aislado.
   - La comunicación de la defunción.
   - La soledad, la ausencia de apoyo en el momento de la muerte o posteriormente.
   - No haber podido acompañar y cuidar en la enfermedad y en la muerte.
   - El sufrimiento acumulado por los cuidados suministrados durante una larga enfermedad deteriorativa.
   - No haber podido despedirte.
   - La falta de información sobre los detalles de los últimos momentos.
   - El sufrimiento asociado a no poder ver el cuerpo una última vez.
   - La ausencia de rituales significativos de despedida.

- La deposición del cuerpo, el entierro.
- La percepción de que la muerte ha sido injusta.
- La percepción de que la muerte ha sido a destiempo, que no corresponde a la edad.

b. *Lo que más me cuesta de aceptar de la manera en que sucedió es...*

ACTIVIDAD 3
LOS ASPECTOS TRAUMÁTICOS DE LA CIRCUNSTANCIA DE LA MUERTE

Revisa las circunstancias que hacen que una muerte sea más o menos traumática en la página 90. Reflexiona acerca del impacto de cada uno de estos factores en tu situación de duelo.

La rapidez:
- *Los momentos que me gustaría poder revivir con más conciencia porque sucedieron demasiado rápido son...*

La sorpresa:
- *Lo que me resulta más difícil de creer es...*
- *Y la razón por la qué me es difícil de creer es...*

La impotencia:
- *Lo que me hubiera gustado poder hacer y no pude es...*
- *Lo que me hace sentir más impotente es...*

El desbordamiento:

- *Las emociones y sensaciones que me desbordaron son...*
- *La manera en que lo hicieron fue...*

La soledad en el momento:

- *Lo que hubiera necesitado en ese momento para no sentirme tan solo/a es...*
- *La razón por la que no lo tuve es...*
- *Si lo hubiera tenido, lo que hubiera sido distinto es...*

La anticipación:

- *Lo que me hubiera ayudado saber en ese momento para poder anticiparlo y prepararme es...*
- *Lo que podría haber sido distinto si hubiera tenido esta información es...*

La incertidumbre:

- *La información que me falta ahora para entender lo sucedido es...*
- *La mejor fantasía que tengo acerca de esta información es...*
- *Lo que me resultaría más difícil de imaginar es...*

La soledad posterior:

- *Después del fallecimiento, no me sentí apoyado/a porque...*
- *Lo que hubiera necesitado de los demás en ese momento es...*

No puedes cambiar el resultado final de la historia, pero explora tu fantasía de cómo otras circunstancias de la muerte habrían hecho que tus sentimientos de duelo fueran distintos.

Actividad 4
Duelo Agudo: manejo de los síntomas

Lee el cuadro «Sintomatología típica del estado de choque-Duelo Agudo» de la página 92 y la lista de síntomas del estrés postraumático de la página 97.

Reflexiona sobre:

a. ¿Cuáles fueron tus primeras reacciones o síntomas en los días posteriores al fallecimiento de tu ser querido?

b. ¿Qué sintomatología presentas ahora? ¿Que reacciones han mitigado y cuáles no?

c. Señala las reacciones que están afectando tu día en mayor medida.

d. De estas respuestas, ¿cuáles interfieren en tu buen funcionamiento diario?, ¿cuáles están afectando la manera en que cuidas a los tuyos?

e. ¿Qué podrías hacer para estar mejor?

En el caso de tener síntomas intensos y desreguladores que afectan tu manera de cuidar a los tuyos o en el caso de que sufras una sintomatología de estrés postraumático, recuerda que debes pedir ayuda especializada y así poder estar más presente para los que te necesitan y evitar que estos síntomas se cronifiquen con el tiempo.

ACTIVIDAD 5
ESTRATEGIAS PARA REGULARME

Lee el cuadro «Técnicas de arraigo y relajación» de la página 98.

a. Comparte con el grupo y con el facilitador tus herramientas de autorregulación para mitigar las respuestas intensas que afectan tu funcionamiento diario y el cuidado de los demás.

b. Haz un registro diario de estos síntomas, su intensidad y el momento en que se dan. Te ayudará a monitorizarlos y manejarlos mejor.

TEMA 6. AFRONTAR EL DUELO CON MÁS CONCIENCIA Y MENOS EVITACIÓN

Lee el capítulo 6, «Evitación-Negación», en la página 115.

ACTIVIDAD 1
¿HUIR DEL DOLOR O EXPRESARLO?

Lee los testimonios del inicio del capítulo, «Huir de la Navidad» en la página 115, y el del final del capítulo, «Una Navidad para sentir», en la página 153. Compara las dos historias y reflexiona sobre las distintas maneras de afrontar el sufrimiento ante la muerte y el duelo.

- ¿Con cuál te identificas más?
- ¿Cuál crees que es más saludable como manera de afrontar una pérdida?

ACTIVIDAD 2
MIS MANERAS DE EVITAR EL DOLOR

Después de leer el capítulo 6, anota todos tus mecanismos de Evitación-Negación del dolor:

a. ¿Qué estrategias utilizas para no sentir tanto dolor? Haz una lista de las más comunes:
b. Haz una lista de las situaciones de la vida cotidiana donde es más probable que utilices estas formas de Evitación-Negación.

c. ¿Qué es lo que consciente o inconscientemente quieres evitar?

d. La evitación puntual puede ser una respuesta sana y adaptativa, pero mantenerlo en el tiempo puede llevar a complicaciones en el duelo. Reflexiona acerca de hasta qué punto las respuestas que utilizas son saludables o no en este momento de tu duelo.

ACTIVIDAD 3
EVALUAR EL RIESGO A LAS ADICCIONES EN MI DUELO

- Comprueba si alguna de las respuestas de evitación que has enumerado en la actividad anterior, mantenidas en el tiempo, pueden convertirse en una adicción peligrosa para tu salud o tus relaciones. Revisa esta lista de ejemplos:
  - *Trabajo demasiado y esto afecta a mis relaciones.*
  - *Estoy hiperactivo, no paro de hacer cosas.*
  - *Estoy enganchado a las pantallas: televisión, ordenador, teléfono, etcétera.*
  - *Compro compulsivamente.*
  - *Me tomo más copas de lo habitual.*
  - *Consumo drogas.*
  - *Como excesivamente.*
  - *Otras: ...*

ACTIVIDAD 4
MIS FUENTES DE ENFADO

El enfado es una emoción que siempre se dirige a algo o a alguien, real o imaginario, que sea el responsable del fallo relacional.

- Señala y describe tus fuentes de enfado:
  - Contra él/ella por haberme dejado.
  - Contra Dios.
  - Contra el destino.
  - Contra la enfermedad u otras circunstancias de la muerte.
  - Contra mí mismo.
  - Contra los profesionales sanitarios.
  - Contra un miembro de mi familia.
  - Contra las personas que están vivas.
  - Contra el presunto responsable de su muerte.

ACTIVIDAD 5
FORMAS INADECUADAS DE EXPRESAR MI ENFADO

Recuerda que tienes el derecho y el permiso de sentirte enfadado por lo sucedido, pero no de mostrarlo de una manera que haga daño a los demás, a tu entorno o a ti mismo.

- Reflexiona sobre las maneras inadecuadas de manifestar el enfado. Comprueba si alguna de ellas se aplica en tu vida ahora:
  - *Me muestro irritable con mi familia.*
  - *Me muestro resentido con algunas personas.*
  - *Me obsesiono durante horas, pero no hablo de ello con nadie.*
  - *Bebo mucho alcohol.*
  - *Como excesivamente.*
  - *Estoy todo el día con el cuerpo en tensión.*
  - *Descargo contra todo el mundo.*

Actividad 6
Formas adecuadas de expresar mi enfado

Paradójicamente, la manera de que una emoción difícil mitigue su intensidad es compartiéndola, expresándola de manera física o verbal, es decir poniéndole palabras o gestos.

- Reflexiona sobre las maneras adecuadas de manifestar el enfado. Identifica aquellas que pueden ayudarte en este momento de tu duelo:
    - Habla con una persona de confianza.
    - Haz deporte.
    - Escribe una carta expresando tu enfado y después quémala.
    - Comparte en un grupo de duelo.

Actividad 7
Consecuencias en el tiempo de no expresar adecuadamente mi enfado

Recuerda que el enfado, si no se descarga adecuadamente, acaba acumulándose en nuestro cuerpo.

- ¿Hay algún signo en tu vida que refleje que no estás manifestando apropiadamente tu enfado?
    - Resentimiento.
    - Amargura.
    - Irritabilidad.
    - Culpa.

- Rabia.
- Odio.
- Sentimientos de venganza.
- Baja autoestima.
- Depresión.
- Aislamiento.
- Somatizaciones.

ACTIVIDAD 8
EXPLORAR MIS SENTIMIENTOS DE CULPA

a. Anota los distintos aspectos de tu vivencia de duelo que te hacen sentir culpable:
   - Aspectos relativos a las circunstancias de la muerte.
   - Aspectos relativos a la relación.
   - Culpa del superviviente.

b. Escribe las expresiones de culpa más importantes que estás viviendo ahora y con qué aspecto de tu duelo están relacionadas:
   - *Me siento culpable por...*
   - *Y por...*

ACTIVIDAD 9
¿CÓMO EXPERIMENTO LA CULPA?

• Examina el sentimiento de culpa y descríbelo.
   - ¿En qué momentos sueles sentir este sentimiento de culpa? ¿En qué situaciones se da con más intensidad?

- ¿Cómo lo experimentas físicamente?
- ¿Qué emoción acompaña la culpa? ¿El enfado?, ¿la tristeza?, ¿la vergüenza?
- En esos momentos, ¿qué haces? ¿Cómo lo manejas? ¿Cómo respondes a estas sensaciones?

ACTIVIDAD 10
LA FUNCIÓN Y EL COSTE DE LA CULPA

a. Examina las siguientes afirmaciones y señala con las que te identificas:

- *Si no me sintiera culpable, sentiría como si no me importara lo sucedido.*
- *Sintiéndome culpable es como si estuviera reparando algo de lo que sucedió.*
- *Si no me sintiera culpable, sería como si hubiera dejado de quererlo.*
- *La culpa me ayuda a seguir conectado con el dolor.*
- *La culpa me ayuda a seguir conectada con él/ella.*

b. Imagina que estos sentimientos de culpa desaparecieran:

- ¿Qué crees que cambiaría en tu vida?
- ¿Cómo afectarían estos cambios a tu alrededor?

ACTIVIDAD 11
ELABORAR MIS SENTIMIENTOS DE CULPA

a. Examina estas afirmaciones y reflexiona sobre hasta qué punto pueden ser verdades para ti:
   - *Entiendo que en ese momento hice lo que pude.*
   - *Estoy dispuesto a aceptar las cosas tal y como sucedieron.*
   - *Estoy dispuesto a aceptar que no soy perfecto, que cometo errores, que soy un ser humano con sus limitaciones.*
   - *Estoy dispuesto a aceptar que no puedo predecir el futuro, que no tengo superpoderes, que no puedo controlar todo lo que sucede.*
   - *Estoy abierto a perdonarme a mí mismo.*

b. Escribe una carta a tu ser querido contándole tus sentimientos de culpa acerca de las circunstancias de su muerte. Describe lo que te hace sentir así. Pide ayuda para liberarte de ellos. Pide perdón si lo consideras adecuado.

c. Contesta la carta desde su punto de vista: ponte en su lugar y escribe lo que crees que te escribiría.

Una vez tengas las dos cartas, te va a resultar más fácil perdonarte a ti mismo aceptando tus errores, tus limitaciones y lo que sucedió. Completa este trabajo con una carta más:

d. Escribe un texto dirigido a ti mismo perdonándote. Compártelo en el grupo.

TEMA 7. CUIDÁNDOME A MÍ MISMO Y LA ESPERANZA POR EL FUTURO

Lee el capítulo 7, «Cuidar de uno mismo: momentos avanzados», en la página 155.

ACTIVIDAD 1
¿CÓMO TE ESTÁS CUIDANDO EN ESTOS MOMENTOS?

- Revisa cada uno de estos puntos y comparte con el grupo los que has introducido en tu rutina:
  - *Dedico tiempo a estar conmigo mismo.*
  - *Dedico tiempo a compartir mi duelo con los demás.*
  - *Dedico tiempo al ocio y me distraigo.*
  - *Dedico tiempo de cuidar a los demás que también están en duelo.*
  - *Hago actividad física.*
  - *Leo para entender lo que estoy viviendo.*
  - *Hago listas de las cosas positivas que aún tiene mi vida.*
  - *Escribo sobre mis sentimientos y pensamientos.*
  - *Hago servicios a la comunidad.*
  - *Busco cosas que me nutren positivamente, por ejemplo,...*

- Identifica, con la ayuda del grupo, otras maneras en que puedes cuidarte a ti mismo en las distintas dimensiones:

ACTIVIDAD 2
OBJETIVOS PARA EL FUTURO

Piensa en cómo quieres verte dentro de tres años. Imagina que ya no hay tanto dolor, sientes paz y serenidad. Marca unos objetivos concretos y descríbelos. Imagina una escena de ese objetivo y descríbela. Puedes usar los siguientes puntos como guía:

a. Para mi ser querido, en su honor.
  – *Dentro de tres años, pensando en mi ser querido, la manera en que quiero verme a mí mismo es... Y la imagen que describe este objetivo es...*
  – *Y la escena que me imagino es...*

b. Para mi familia (pueden ser distintos para cada miembro, o puede ser en conjunto).
  – *Dentro de tres años, pensando en mi familia, espero que este duelo me ayude a ser mejor para ellos en los siguientes aspectos...*
  – *Y la escena que me imagino es...*

c. Para mí mismo, un objetivo autónomo, independiente de los demás.
  – *Un objetivo que deseo alcanzar para mí mismo, para mi crecimiento personal es...*
  – *Y la escena que me imagino es...*

d. Describe qué sería lo peor, es decir, cómo no quieres acabar.
  – *Y la manera en que no quiero acabar es...*
  – *Lo que de ninguna manera quiero que suceda en el tiempo y que sería catastrófico para mí y los míos sería...*
  – *Y la peor escena de eso, la que no quiero que suceda es...*

e. Identifica las cosas que te pueden ayudar en este camino de recuperación, y las cosas que podrían entorpecerlo.

- *Lo que me ayudará en este camino es...*
- *Y lo que más necesito de los demás (familia, amigos) es...*
- *Y lo que más necesito de mí mismo en este camino para alcanzar la esperanza es....*
- *Y de la manera en que me podría sabotear en el camino es...*

• Comparte con el grupo y explora maneras de prevenir estos sabotajes que pueden impedir que te recuperes de tu duelo.

TEMA 8. INTEGRAR LA RELACIÓN

Lee el capítulo 8, «Integrar la pérdida de la relación», en la página 175.

Actividad 1
Los momentos de recordar

- Comparte con el grupo:
    - *Mis momentos para recordar a mi ser querido son...*
    - *Me ayuda ver...*
        - *Fotos.*
        - *Vídeos.*
        - *Sitios.*
        - *Objetos de recuerdo.*
        - *Otros.*
    - *Cuando recuerdo y conecto con mi tristeza, la manera en que me dejo sentir es...*
    - *Lo que se me hace más difícil de dejarme sentir la tristeza es...*
    - *Las personas con las que puedo compartir estos recuerdos son...*
    - *La manera en que me ayudan es...*

Actividad 2
Identificar lo positivo

- Cuando piensas en el tiempo que habéis pasado juntos examina las siguientes cuestiones:

a. ¿Qué es lo que te hace sentir más orgulloso del tiempo pasado juntos? ¿Qué es lo que más te satisfacía de esta relación?

b. ¿Qué cosas estás contento de haber hablado?

c. ¿Qué es lo que más echas de menos?

• Identifica aquellos aspectos de la relación donde necesitas expresar la gratitud.

ACTIVIDAD 3
IDENTIFICAR LO DIFÍCIL

• Identifica aquellos aspectos de la relación donde necesitas perdonar o pedir perdón:
  – ¿Qué palabras lamentas haber dicho?
  – ¿Qué palabras lamentas haber oído?
  – ¿De qué cosas te sabe mal haber hablado? ¿Qué borrarías de vuestras conversaciones?
  – ¿Qué es lo que te reprochas respecto a la relación? Los reproches que le haces a él/ella son...
  – Los reproches que te haces a ti mismo son... Pon atención a cuál es tu parte de responsabilidad en la relación.
  – ¿Hay algo que lamentas no haber hecho durante el tiempo juntos?
  – Si volvieras atrás, ¿qué cambiarías del tiempo pasado juntos?
  – ¿Qué no echas de menos?, ¿qué te hacía infeliz, te enfadaba?
  – ¿Qué intentarías cambiar de la relación si volvieras a tenerlo contigo?

ACTIVIDAD 4
COMPLETAR ASUNTOS PENDIENTES

- Escribe una carta a tu ser querido. Coge una foto suya, dedícale un momento en que estés tranquilo/a, en un espacio silencioso donde nadie te interrumpa. Inspírate, donde lo veas adecuado, con los siguientes ejemplos:

Querido/a _____,
    lo que me gustaría con esta carta es...

*Quiero empezar **pidiéndote perdón** por las cosas difíciles. Por aquellos momentos que ahora quisiera borrar de mis recuerdos, momentos en que no supe responder a la situación y te hice daño con mis palabras, actos o pensamientos.*
    Te pido perdón por...

*También quiero **perdonarte** esos momentos en que me causaste algún dolor. Detrás de un gran enfado o pelea siempre hay mucho amor escondido. Te perdono por aquellas palabras, hechos, o pensamientos donde me sentí herido.*
    Te perdono por...

*Quiero **darte las gracias** por habernos conocido, por el regalo que me has dado con tu presencia en estos años de vida, por lo que he aprendido en la relación contigo, por lo que me has dado, por las lecciones de amor que he recibido de ti y por enseñarme con tu ejemplo y manera de ser.*
    Gracias por...
    Lo que he aprendido es...

*También quiero expresarte **cómo es y ha sido mi amor por ti**. No he tenido tiempo, quizá tampoco he sabido encontrar las palabras o, simplemente, a veces me daba vergüenza decir «te quiero» y pensaba que como ya lo sabías no hacía falta recordártelo. Ahora que te has ido, me pregunto si era así, si sabías hasta qué punto, con qué intensidad, con qué cariño te quería.*

Te quiero expresar mi amor con estas palabras: ...

*Finalmente, **quiero despedirme de una parte de ti.** Necesitaré tiempo. Sentiré el dolor de tu ausencia, la nostalgia de los buenos recuerdos, la tristeza por lo que no vivimos. Pero me será más fácil porque me dejas una tarea: vivir la vida. Lo haré como deseabas que lo hiciera: plenamente, sin excusas, disfrutando de cada momento... Me despido, al menos por ahora y durante un tiempo, con el compromiso de vivir una vida en tu honor, intentando sacar lo mejor de cada momento, así como me has enseñado a hacer con tu ejemplo.*

Me despido...

La manera en qué quiero vivir la vida en tu honor es...

El legado que he aprendido de ti por tu manera de ser, lo transmitiré de esta manera...

- Comparte la carta con el grupo.

TEMA 9. EL LEGADO: INICIAR CAMBIOS EN MI VIDA

Lee el capítulo 9, «La integración del legado: experimentar el crecimiento y la transformación», en la página 219.

Comparte con el grupo.

ACTIVIDAD 1

Lee atentamente el testimonio de las personas en duelo que presentamos en el capítulo 9.

- ¿Qué sientes al leerlas?
- ¿Cómo crees que estas personas han podido elaborar su duelo?
- ¿De qué manera esta experiencia les ha cambiado?
- En este momento avanzado de tu duelo, ¿contemplas la posibilidad de aprender algo positivo de todo lo vivido?

ACTIVIDAD 2
EXTRAER EL LEGADO POR LO QUE HAS RECIBIDO DE TU SER QUERIDO

- ¿Qué es eso qué te ha dado tu ser querido y qué atesorarás siempre en tu corazón?

ACTIVIDAD 3
EXTRAER EL LEGADO POR LA MANERA DE SER DE TU SER QUERIDO

- Cuando piensas en sus rasgos positivos de su carácter, en su manera vivir la vida, ¿qué lecciones te ha enseñado que son un modelo para ti?

ACTIVIDAD 4
EXTRAER EL LEGADO POR SU MANERA DE AFRONTAR LA ENFERMEDAD Y LA MUERTE

- ¿Su manera de afrontar la enfermedad y la muerte es importante para ti? ¿Cómo?
- ¿De qué manera su forma de afrontar la muerte/enfermedad te ayuda a afrontar tu vida ahora y en el futuro?

ACTIVIDAD 5
EXTRAER EL LEGADO POR TU MANERA DE VIVIR EL DUELO

Presta atención a todo lo que has aprendido de ti mismo en el camino.

a. ¿Cómo te ves ahora y que es distinto a como eras antes?
b. ¿En qué aspectos consideras que has mejorado después de esta experiencia de vivir tu dolor?

c. ¿Qué has aprendido sobre ti, los demás, la vida, el sufrimiento...?

d. ¿De qué te enorgulleces de tu manera de afrontar tu duelo todo este tiempo?

e. ¿Cómo has llegado a este crecimiento? Pon atención a como han sucedido estos cambios dentro de ti.

ACTIVIDAD 6
CAMBIOS PARA EL FUTURO Y FUENTES DE ESPERANZA

- Examina las siguientes preguntas sobre los cambios que quieres que sucedan en el futuro y comparte tus respuestas con el grupo.

  a. ¿Qué piensas sobre la vida y la muerte ahora?

  b. ¿Son diferentes estos valores de los que tenías antes? ¿De qué manera?

  c. ¿Cómo te sientes cuando dices «quiero volver a ser feliz»?

  d. ¿Qué decisiones son importantes ahora para ti?

  e. ¿En qué has pensado invertir tus energías ahora?

  f. ¿Puedes imaginarte un futuro diferente que integre todo lo aprendido?

  g. ¿Cómo es? ¿Quién y qué hay en él?

  h. ¿Qué nuevas relaciones necesitarás en el futuro?

- Examina tus fuentes de esperanza presentes y futuras.

  a. ¿Qué crees que necesitas para ti en esta nueva etapa de tu vida (de los demás, de ti mismo)?

  b. ¿Cómo podrás conseguir la ayuda que necesitas?

  c. ¿Qué crees que será especialmente difícil para ti ahora?

  d. ¿Cuáles son tus fuentes de esperanza para el futuro? Nómbralas.

NOTAS

1. H. Prigerson y otros, «A Case Inclusion of prolonged Grief Disorder in DSM-V», en *Handbook of Bereavement Research and practice*, 2008, págs. 165-185.

2. Ver S. Zisook y K. Shear, «Grief and Bereavement: what psychiatrists need to know», *World Psychiatry*, 8 de junio de 2009, págs. 67-74, <https://doi.org/10.1002/j.2051-5545.2009.tb00217.x>, y las recomendaciones de la *American Psychiatric Association DSM-5*, <https://www.dsm5.org>.

3. E. Kübler-Ross, *Sobre la muerte y los moribundos*, Barcelona, Debolsillo, 2010.

4. A. Payàs, *Las tareas del duelo*, Barcelona, Paidós, 2010, págs. 114-120.

5. E. Kübler-Ross, comunicación personal, taller *Life, Death and Transition* (LDT), Santa Fe, 1989.

6. E. Kirkley-Best, K. R. Kellner y otros, «Perinatal Mortality Counseling Program for Families Who Experience a Stillbirth», *Death Education*, n.º 5, 1981, págs. 29-35.

7. Para más información ver el clásico de William H. Frey, *Crying: The Mystery of Tears*, Winston Press, 1985.

8. C. S. Lewis, *Una pena en observación*, Barcelona, Anagrama, 1994.

9. J. E. Shaeffer y R. H. Moss, «Bereavement experiencies and personal Growth», *Handbook of Bereavement research*, 2001, págs. 145-167.

10. M. Stroebe; C. Finkenauer; L. Wijngaards-de Meij; H. Schut; J. van den Bout, y W. Stroebe, «Partner-Oriented Self-Regulation Among Bereaved Parents, The Costs of Holding in Grief for the Partner's Sake», *Psychological Science*, 2012.

11. B. Ollivier, *La vie commence à 60 ans*, Brocé, 2012, y *La longue marche*, Phebus, 2001.

12. E. A. Poe, *The letters of Edgar Allan Poe*, J. W. Ostrom (comp.), Cambridge, Harvard University Press, 1948.

13. Testimonio del diario de Eolath, miembro del grupo de E. Kübler-Ross. Con agradecimiento a Maranu Gascoinge y Jack por su generosidad.

14. S. Levine, *¿Quién muere? Una exploración en el vivir y el morir conscientes*, Buenos Aires, Era Naciente, 1997, págs. 107-108.

15. R. G. Tedeschi y L. G. Calhoun, *Trauma and Transformation: Growing in the Aftermath of Suffering*, SAGE Publications, 1995.

16. Jenica, *Caring notes — Share pregnancy and infant Loss Support*. Reproducido con el permiso de National Share Office.